C.H.BECK ✚ WISSEN

in der Beck'schen Reihe
2032

W0071271

BsR

Auch für das Verständnis der Gegenwart spielen Mythen, vorrationale Annahmen im Allgemeinbesitz der Menschheit, eine wichtige Rolle. Heute begegnet uns der Mythos gerade da, wo wir ihn am wenigsten vermuten, etwa in den dunklen Wünschen der an Effizienz orientierten Gesellschaften.

Dieses Buch vermittelt einen Überblick über Formen und Beispiele des Mythos – von den großen Schöpfungs- und Ursprungsmythen bis hin zu modernen Mythen unserer Zeit. Der Autor diskutiert die verschiedenen Deutungen des Mythos, seine Beziehungen zu Wissenschaft und Wirklichkeit, Kultur und Religion unter philosophischen, politischen, kulturellen und rezeptionsgeschichtlichen Aspekten. Dabei stellen sich Fragen wie die nach einer geradlinigen Entwicklung vom Mythos zum Logos, nach der Funktion des Mythos als einer Konstante der Welt- und Selbstauslegung des Menschen, aber auch nach den unterschiedlichen Rationalisierungen des Mythos.

Carl-Friedrich Geyer ist Professor für Philosophie an der Ruhr-Universität Bochum und Dozent an der Privaten Universität Witten-Herdecke. Er hat zahlreiche einschlägige Werke vorgelegt, darunter *Einführung in die Philosophie der Kultur* (1994) und *Einführung in die Philosophie der Antike* (⁴1996).

Carl-Friedrich Geyer

MYTHOS

Formen – Beispiele – Deutungen

Verlag C.H.Beck

Die Deutsche Bibliothek – CIP-Einheitsaufnahme

Geyer, Carl-Friedrich:
Mythos. Formen, Beispiele, Deutungen / Carl-Friedrich
Geyer. – Orig.-Ausg. – München : Beck, 1996
  (Beck'sche Reihe; 2032 : C. H. Beck Wissen)
  ISBN 3 406 40332 8
NE: GT

Originalausgabe
ISBN 3 406 40332 8

Umschlagentwurf von Uwe Göbel, München
© C. H. Beck'sche Verlagsbuchhandlung (Oscar Beck), München 1996
Gesamtherstellung: C. H. Beck'sche Buchdruckerei, Nördlingen
Gedruckt auf säurefreiem, alterungsbeständigem Papier
(hergestellt aus chlorfrei gebleichtem Zellstoff)
Printed in Germany

Inhalt

I. Einleitung

Die vorstehend als Motto zitierten Worte Goethes aus der Schilderung der Walpurgisnacht beziehen sich auf die *chthonischen* Mächte, Mächte des Grundes und der Tiefe, aber auch des Unergründlichen, im Gründen selber grundlos, abgründig, vor aller Zeit angesiedelt und doch gegenwärtig. Allein schon daß sie da sind, verbietet die Frage nach ihrer Herkunft wie die nach den Gründen ihres gegenwärtigen Wirkens. Das „Gründende" ist schillerndes Spiel der Möglichkeiten, ausgespannt zwischen „Einst" und „Jetzt", ein „Immer". Wo dieses „Immer" sich versprachlicht, sich selber erzählt, begegnen wir dem *Mythos*.

Fällt der Begriff des Mythos, dann denken wir gemeinhin an ein Vergangenes, Abgelebtes, das in der historischen Erinnerung je neu rekonstruiert werden muß. Der Mythos ist aber nicht nur Vergangenheit und archaische Tiefe, sondern auch helle Gegenwart. Als solche begegnet uns der Mythos gerade da, wo wir ihn am wenigsten vermuten, etwa in den dunklen Wünschen der an Effizienz und Durchschaubarkeit orientierten sogenannten „modernen Gesellschaften". Vor nunmehr über dreißig Jahren hat A. Greeley[1] diesen Zusammenhang im Blick auf den „Kult des heiligen Autos" verdeutlicht, als er bemerkte, man brauche „nur die jährliche Automobilausstellung zu besuchen, um darin eine höchst ritualisierte religiöse Manifestation zu erkennen. Die Farben, die Lichter, die Musik, der Kniefall der Anbeter, die Gegenwart der Tempelpriesterinnen (der Mannequins), der Pomp und der Luxus, die Geldverschwendung, die kompakte Menschenmenge – das alles wäre in einer anderen Kultur ein authentischer Gottesdienst. [...] Und in diesem Augenblick des jahreszeitlichen

Zyklus erhalten die Hohen Priester des Kults – die Autohändler – eine neue Bedeutung, während eine ängstliche Menschenmenge ungeduldig der Heraufkunft einer neuen Form des Heils harrt." Sicher ließe sich ähnliches auch über die alljährliche Buchmesse in Frankfurt sagen.

*Heils*erwartungen kennzeichnen selbstverständlich auch die Religionen, die aber, zumal wenn sie Theo*logien* entwickeln, nur eine domestizierte, sozusagen schwundstufenhafte Weise der Gegenwärtigkeit des Mythischen zulassen. Das Unmittelbare des Mythos wirkt in ihnen gebrochen, vermittelt und zuletzt, in der Philosophie über den Mythos, in Rationalität und Reflexion aufgehoben. In der Unmittelbarkeit des Mythos wird dagegen das „Einst", von dem berichtet und erzählt wird, im „Jetzt" erfahren. Noch in der Beschäftigung und Auseinandersetzung mit dem Mythos scheint etwas von dieser Struktur auf: Sie ist sowohl historiographische Vergewisserung eines Vergangenen, Vorzeitigen, wie auch Gegenwartsdiagnose. Auch in den folgenden Ausführungen ist daher das auf den ersten Blick Historische immer auch das Gegenwärtige.

Über den Mythos läßt sich am ehesten in Analogie zur Verlaufsform des Mythos selber sprechen. Auch gegenwärtig haben ja kulturelle, politische und gesellschaftliche Selbstverständnisse an vorrationalen Annahmen Anteil, die deshalb noch nicht ohne weiteres als irrational, regressiv, unzeitgemäß oder abgelebt auszugrenzen wären. Manche solcher Annahmen sind als gleichsam alle Kulturen bestimmende Grundvoraussetzungen menschlicher Welt- und Selbstverhältnisse Allgemeinbesitz der Menschheit geworden, andere begründen Traditionen, denen wir in unterschiedlicher Prägekraft in der Religion oder in der Philosophie, in der Kunst oder in der Literatur begegnen. Für die archaische Zeit nennen wir diese Annahmen, die als erzählendes Wissen in Geschichten und nicht begrifflich fixiert sind, *Mythen*. Im Rückgriff auf sie, und sei es nur im Sinne von Vorbildern, heißen auch gegenwärtig narrative, in der Weise des Erzählens strukturierte Aussagen über Mensch und Welt „Mythen", einmal hinsichtlich der Vorbildfunktion des ursprünglichen Mythos, zum anderen hinsichtlich eines dem archaischen Mythos durchaus vergleichbaren Verbindlichkeitsanspruchs. Gegenwärtig diskutiert man in den Geistes- und Sozialwissenschaften beispielsweise diesen Verbindlichkeitsanspruch unter dem Stichwort von den „neuen Mythologien".

Das vorliegende Buch möchte an konkrete Beispiele aus der einen wie aus der anderen dieser beiden Ebenen anknüpfen. Es möchte darüber hinaus begriffliche Klärungen bieten und Schlußfolgerungen für den Begriff und die Sache des Mythos in einem prinzipiellen Sinne ziehen. Dabei stellen sich Fragen wie beispielsweise die nach einer geradlinigen Entwicklung vom Mythos zum Logos, nach der Funktion des Mythos im Sinne einer Art Konstante der Welt- und Selbstauslegung des Menschen, nach dem Verhältnis von Religion und Mythos, aber auch nach den unterschiedlichen Rationalisierungen des Mythos, wie sie in Deutschland zum Beispiel mit dem „Ältesten Systemprogramm des Deutschen Idealismus" einsetzten und die Diskussionen auch in der Theologie und Philosophie der Gegenwart immer noch nachhaltig bestimmen.

Vor allem in der philosophischen Diskussion der letzten Jahre begegnet ein über die Vorbildfunktion des archaischen Mythos noch hinausgehender und gleichsam zusätzlich erweiterter Mythosbegriff, der zum Beispiel nach Mythen im Alltag fragt, die Literatur und die schönen Künste als aufgeklärte Polymythie am Ende des abendländischen Einheitsdenkens begreift, den „Monomythos" – wie es O. Marquard und H. Blumenberg formulierten – des Christentums der Logozentrismuskritik des postmodernen Denkens unterwirft oder aber eine ideologische Indienstnahme des Mythos vorbereiten hilft, die von G. Sorels Mythos vom Ausnahmezustand, an den Carl Schmitt anknüpfte, und von A. Rosenbergs „Mythus des 20. Jahrhunderts" bis hin zu den Mythen der RAF[2] reicht. In diesem Umfeld ist dann auch eine Definition des Mythos wie die folgende möglich:

„MYTHOS – Unten am Ausgang der Schlucht liegt schwer und zerschlagen der blaue Pferdeleib des Kentaur. Spitz-

9

zackige, geometrisch gerade Lanzen durchstoßen den dahingesunkenen Leib [...] Seine zehn Lanzen sind die Wissenschaften: die Anatomie, die die Körper zerschneidet und damit das vielfältige Gefüge auseinanderreißt; [...] die Philosophie, die nur noch das Bewußtsein des Menschen gelten läßt und das Sinnliche mit Verachtung bedenkt; die Theologie, die die Seele des Menschen mit Schuld belädt; [...] auch die Götter stehen für menschliche Leidenschaften [...] Seine [sc. des Mythos] Götterwelt spottet jeglicher Theologie, denn das Spiel und der Tanz der Kräfte durchzieht die Welt seiner Vorstellungen. Auch das Zufällige, Willkürliche, das aus jeder Religion gebannt ist, findet in ihm Platz. Nie ist er reine Erzählung, sondern lebendige Wirklichkeit."[3]

Auf diese Stichworte wird im einzelnen, wenn auch notgedrungen in aller Kürze, eingegangen werden. Dabei drängt sich ganz besonders die Frage auf, ob wir Mythen oder gar *den* „Mythos" brauchen, um menschenwürdig zu leben. Und schließlich: Lassen sich Mythen, je nach Bedarf, einfach „erfinden"? Dies sind Fragen, die sich nur in einem Prozeß von Traditionskritik und Traditionsbewahrung beantworten lassen, wie beispielsweise L. Kolakowskis Buch über die Gegenwärtigkeit des Mythos[4] betont hat. Das Problem einer Ausbalancierung von Traditionskritik und Traditionsbewahrung ist ja nicht zufällig eines der drängendsten und zugleich umstrittensten in der aktuellen kultur- und sozialwissenschaftlichen Diskussion. Es begleitet auch die nachfolgenden Ausführungen.

II. Vorspiel in der Gegenwart: Der Vorrang des exemplarisch-existentiellen Moments des Mythos

Franz Kafkas bekannte Erzählung *Die Verwandlung*, erschienen 1915, setzt mit dem lapidaren Satz ein: „Als Gregor Samsa eines morgens aus unruhigen Träumen erwachte, fand er sich in seinem Bett zu einem ungeheuren Käfer verwandelt." Die Verwandlung in eine so „traurige und ekelhafte Gestalt" markiert den Schlußpunkt eines lange schwelenden, zuerst ins Unbewußte abgedrängten Protestes, die Auflehnung gegen ein Dasein als subalterner Handlungsreisender, gegen den Vater, ja gegen die ganze Familie, die den Sohn jahrelang sklavisch für sich hat arbeiten lassen. Die abstoßende Käfergestalt bringt daher sowohl die unglückliche und geknechtete Existenz Gregor Samsas wie seine Revolte gegen all dies auf eine groteske Weise ans Licht. Daß diese Schreckensgestalt noch mehr Mißachtung und Abwendung seitens der Familie provoziert, liegt in der Logik des Erzählten. An beidem geht Gregor Samsa schließlich zugrunde. Seine Existenz in der Verkleidung eines siechen, staubbedeckten Käfers bringt eine doppelte Wahrheit zum Ausdruck: den Verlust der menschlichen Existenz in einem durch Lieblosigkeit auf das bloße Geldverdienen in einem ungeliebten Beruf reduzierten Leben und die Versinnbildlichung des revoltierenden Unbewußten in einer entsprechenden äußeren Gestalt. Der eine Aspekt legt eine ökonomisch-materialistische, der andere eine psychoanalytische Deutung nahe. Es liegt auf der Hand, daß Literaturwissenschaftler diese Deutungsmöglichkeiten vorgeschlagen haben, ebenso wie sie Interpretationen auf die Biographie von Kafka selbst bezogen, ganz zu schweigen von der Vielzahl ethischer oder etwa interaktionspsychologischer Annäherungen. So spricht die Forschungsliteratur von „drei grundlegenden Auffassungen" bei der Aneignung der „Verwandlung": Sie kann Metapher, Anti-Märchen oder Parabel für die menschliche Unvernunft sein. Diese Auffassungen weisen dem

Interpreten die Rolle zu, ein Verschlüsseltes, das Bild vom häßlichen Käfer, aufzulösen, d.h. das Symbol in eine sachhaltige Aussage zu überführen. Was aber wäre – abgesehen davon, daß sich Kafka selbst gegen den biographischen Interpretationsansatz ausgesprochen hat: „Samsa ist nicht restlos Kafka. Die Verwandlung ist kein Bekenntnis" –, wenn sich eine solche Überführung schon aus dem Grunde als undurchführbar erwiese, weil sie von der Verzichtbarkeit eines Modells ausgeht, das deshalb unverzichtbar ist, weil die literarische Fiktion, in diesem Falle *Die Verwandlung,* davon lebt?

Das Verwandlungsmotiv ist nämlich ein *mythologisches* Motiv. Ihm ist wesentlich, daß es etwas zur Aussage bringt, das auf eine andere Weise überhaupt nicht zur Aussage gebracht werden kann. Es sachhaltig-interpretatorisch zu substituieren, heißt, es um seinen Aussagewert zu bringen. Der Mythos als eine Redeweise exklusiver Art muß, soll sein Gebrauch sinnvoll, ja zwingend und nicht bloße Spielerei sein, von einer von der ökonomisch-materialistischen, ethischen, biographischen oder psychoanalytischen prinzipiell unterschiedenen Ebene aus sprechen, ja, wie die neuere Mythenforschung betont, diese allererst bedingen. Was aber „sagt" der Mythos, und von welcher „Ebene" aus spricht er?

An die Beantwortung dieser Frage kann ein „klassischer" Mythos, der sich ebenfalls des Verwandlungsmotivs bedient – war er ein Vorbild für Kafka? – heranführen. Ovid erzählt in seinen *Metamorphosen* den folgenden Mythos der Arachne:

Pallas sagte zu sich: „Ich will nicht mehr dulden, daß man ungestraft meine göttliche Macht gering schätzt!" Dabei dachte sie an den Untergang der Lyderin Arachne, von der sie vernommen hatte, daß sie ihr den Ruhm in der Kunst zu weben streitig mache. Arachne war allbekannt wegen ihrer Kunstfertigkeit. Arachne hatte sich in den lydischen Städten durch ihre Geschicklichkeit einen großen Namen erworben. Ob nun Arachne geschwind mit dem Daumen die glatte Spindel drehte oder ob sie stickte – man hätte glauben mögen, sie sei von Pallas unterwiesen. Das jedoch streitet sie ab und spricht: „Soll sie sich doch mit mir messen! Alles nehme ich auf mich, wenn sie mich besiegt."

Darauf stand Pallas da. Arachne beharrt auf ihrem Vorsatz, und in ihrem törichten Verlangen nach dem Siegespreis rennt sie in ihr Verderben. Denn Pallas äußert keinen Widerspruch, warnt sie auch nicht weiter und schiebt den Kampf nicht mehr auf. Augenblicklich gehen beide an verschiedene Arbeitsplätze und spannen an zwei Webstühlen die langen Grundfäden.

Beide Frauen haben es eilig. Das Kleid unterm Busen gegürtet, regen sie mit Geschick ihre Arme, und der Eifer verkürzt ihre Arbeit.

Neben die Burg von Athen webt Pallas den Hügel des Kriegsgottes. [...] Die Lyderin webt Europa, die sich vom Trugbild eines Stiers täuschen ließ. Man könnte glauben, einen wirklichen Stier, ein wirkliches Meer zu sehen [...].

Nicht Pallas, nicht der Neid in eigener Person vermöchte jenes Werk zu tadeln. Es kränkte die blonde Heldenjungfrau, daß es so wohl geraten war, und sie zerfetzte das bunte Tuch. Und weil sie gerade das Schiffchen aus Buchsbaumholz in der Hand hielt, schlug sie es dreimal und viermal Arachne ins Antlitz.

Das kann die unglückliche Arachne nicht verschmerzen, und entschlossen schlingt sie sich ein Seil um die Kehle. Sie hängt schon, doch Pallas fühlt Mitleid, hält sie und spricht dabei: „Bleib nur am Leben, doch bleibe auch hängen, du Frevlerin, und dieses Strafurteil gelte, damit du nicht unbesorgt in die Zukunft schaust, für dein ganzes Geschlecht und für die spätesten Enkel!"

Danach, schon im Gehen, besprengte sie sie mit dem Saft von Hekates höllischem Kraut, und sofort fallen ihr bei der Berührung mit dem scheußlichen Gift die Haare ab, und mit ihnen Nase und Ohren. Ganz klein wird der Kopf, klein auch der Rumpf; zur Seite hängen dünne Finger statt der Beine herab. Alles übrige ist Bauch; aus diesem zieht sie den Faden und übt ihre alte Webkunst als Spinne.

Zwischen Ovid und Kafka besteht schon allein deshalb kein direkter, genetischer Zusammenhang, weil die Bestrafungsverwandlung, von der Ovid erzählt, im Rahmen eines Ursprungsmythos steht, der über die Erklärung der Entstehung und der Existenz von Spinnen hinausgehend drei Grundaussagen vereint: Aussagen über die *Götter*, über den *Kosmos* und über den *Menschen*. In der Geschichte der Erforschung des Mythos ist die These Allgemeingut, daß die Mythen einerseits über den Ursprung der Welt, der Tiere, der Pflanzen und Menschen, vor allem aber der Götter berichten. Dies trifft zweifellos auf den Mythos zu, den Ovid, wenngleich schon in literarischer Bearbeitung, erzählt. Zudem will der Mythos darüber Aufschluß geben, wie die gegenwärtigen Welt- und Selbstverhältnisse des Menschen zu verstehen sind, wie er zu dem geworden ist, der er ist. Dabei ist an Bestimmungen zu denken wie die Sterblichkeit des Menschen, seine Sexualität, die Notwendigkeit, sich das Leben zu erarbeiten. Der Mythos erzählt Begebenheiten aus einem *Anfang*, ohne die der Mensch in seinem gegenwärtigen Gewordensein nicht zu verstehen wäre. Der Mythos ist für den archaischen Menschen, wie M. Eliade formuliert hat, deswegen von höchster Wichtigkeit, weil er „ihn die ‚primordialen' Geschichten" lehrt, „die ihn existentiell konstituiert haben; und alles, was mit seiner Existenz und seiner eigenen Seinsweise im Kosmos zu tun hat, betrifft ihn [sc. den Mythos] unmittelbar".[5] Dieses existentielle Moment markiert eine Ebene, die allem Ethischen, Biographischen, Ökonomischen und Psychologischen immer schon voraus und zugrunde liegt. Sie ist „wissenschaftlich nicht einholbar", auch und gerade nicht über eine *wissenschaftliche Anthropologie*, der ja *als* Wissenschaft in Übereinstimmung mit ihren Prämissen der Zugang zu jener Ebene versperrt ist.

In der Erzählung Ovids springen zunächst die Grundaussagen über die Götter ins Auge. Die Götter sind mißgünstig. Daraus folgt für den Menschen, daß er vor den Göttern auf der Hut sein muß. Hinzu kommt eine Grundaussage über die Welt als ganze, die – der Titel der Ovidschen „Anverwandlungen" des Mythos sagt es bereits – ständiger *Metamorphose* unterliegt. Das Schicksal der Arachne ist daher der Sonderfall eines Allgemeinen, freilich mit fatalen Folgen. Dieses letzte, existentielle, in gewisser Weise meta-anthropologische Moment greift Kafka auf, wenn er sich des mythischen Verwandlungsmotivs bedient. Es mußt betont werden, daß Kafka, hätte er das, was die genannten drei Ansätze einer Deutung unterstellen, sagen wollen, sich jedenfalls nicht dieses mythischen Motivs hätte bedienen müssen.

Kafka beschreibt die negative Verwandlung jener positiven Energien, die Eltern und Vorgesetzte Gregor Samsas für sich beanspruchen. Das Resultat ist eine Scheinverwandlung, die sogar noch jenen zugute kommt, gegen die sie sich richtet. Deshalb ist, anders als im archaischen Mythos, Gregor gar nicht in Wirklichkeit verwandelt. In seinem Innersten bleibt er der, der er ist. Weil ihm zu der Gestalt das Bewußtsein eines Käfers fehlt, ist die Verwandlung lediglich die Karikatur einer Verwandlung. Zugleich ist sie aber auch wirkliche *metamorpheosis*, Verwandlung der äußeren Hülle bei gleichbleibender „Substanz". Von der existentiellen Dimension her legen sich so ebenfalls drei Grundaussagen des dem Mythos entlehnten Verwandlungsmotivs nahe: Da ist einmal die Tatsache der Ungesichertheit der eigenen Existenz; der Mensch, der weiß, daß er immer ein anderer werden kann, darf sich keinen Augenblick seiner jetzigen Existenzweise sicher sein. Hinzu kommt die Erkenntnis, schuldig werden zu können, und drittens die Einsicht in die Notwendigkeit ständiger Auseinandersetzung mit sich selbst und dem, was heute allgemein „Lebenswelt" heißt. Aus dem Spektrum dieser Grundeinsichten realisiert Gregor Samsa nur die negativen: Wenn er sich mit seiner Umwelt nicht auseinandersetzt, sondern in die Verwandlung „flüchtet", siegt, psychologisch gesprochen, das Schema *Regression durch Selbstaggression* mit der Konsequenz der *Selbstdestruktion*. Gregor Samsa nimmt zweitens die Verwandlung nicht als Chance des Wandels wahr. Statt sich in einem positiven Sinne zu *verändern*, wird er an sich selbst schuldig. In der von Kafka erzählten Geschichte wird sehr schön sichtbar, daß Samsas Nachdenken über seine Existenz erst mit dem Morgen der Verwandlung einsetzt. Diese Verwandlung wird im Fortgang der Erzählung schließlich zu einer Selbstauslöschung. Er verliert seine Identität und geht zugrunde. Man könnte schließlich versucht sein, auch mit einem Seitenblick auf den „Prozeß", das Hauptwerk Kafkas, die Erzählung insgesamt als eine Illustration jener *Undurchsichtigkeit der Lebenswelt* zu lesen, die sich, weil in dieser Weise undurchsichtig, nur mit den dem Mythos entlehnten und daher selber mythischen Motiven und Bildern beschreiben läßt. Nähe und Ferne zum ursprünglichen Mythos werden damit allerdings zu einem Problem, das, generell auf die moderne literarische Produktion bezogen, nach zwei möglichen Richtungen zu lösen versucht worden ist. Einerseits ist es ziemlich voreilig zu folgern, es sei gegenwärtig ausschließlich die Belletristik, die nahezu nahtlos die Nachfolge des Mythos angetreten beziehungsweise sich seine Funktionen angeeignet habe. Andererseits bildet für den Menschen in der ausgehenden Moderne die Literatur, das Narrative im weitesten Sinne, die noch am wenigsten zerbrochene Brücke zu der vielgestaltigen Welt des Mythos, wie unterschiedliche Beschreibungsversuche dargelegt haben. Zwei Beispiele dazu sollen näher vorgestellt werden.

M. Eliade, dem wir eine Vielzahl ethnologisch-religionsphänomenologischer Erkenntnisse über die Welt des archaischen Mythos verdanken, hat immer wieder betont, „daß die erzählende Prosa, insbesondere der Roman, in den modernen Gesellschaften den Platz eingenommen hat, den früher die Rezitation der Mythen und Märchen in den traditionellen Gesellschaften eingenommen hat. Mehr noch: es ist möglich, die ‚mythische' Struktur einiger moderner Romane freizulegen."[6] Ein bestimmter Umgang mit dem Phänomen der Zeit bildet dabei eine Brücke zwischen archaischem Mythos und modernem literarischen Äquivalent. Ursprünglicher Mythos wie moderner Roman kommen darin überein, daß sie eine bestimmte Zeit-Form schaffen, die als Kampf gegen die Zeit bezeichnet werden darf, als Versuch, sich von der Last der „toten Zeit" zu befreien. Die „tote Zeit" ist die alltägliche, biographische, historische Zeit, die festlegt, den Rahmen unseres Handelns vorgibt, ausschließlich scheint. Dieser Zeit zu entrinnen bedeutet, selber zu vergehen. In diesem Sinne ist der Spruch des *Anaximander*, eine frühe rationale Reaktion auf den Mythos, zu verstehen:

> „Woher die Dinge entstehen, dahin müssen sie vergehen, denn sie müssen büßen für ihre Vergehen gemäß der Ordnung der Zeit."

In den Kategorien der Heideggerschen Philosophie könnte man versucht sein zu sagen, die Zeit „zeitige" nicht nur (im Sinne eines Hervorbringens, Ermöglichens), sondern sie „nichte" auch: Wir vergehen mit der Zeit. Zeitlich sein heißt sterblich sein. Der ursprüngliche Mythos dagegen schafft, was immer auch sonst noch an Bestimmungen angeführt werden kann, eine übergeschichtliche Zeit, eine Ur-Zeit, die als unvergängliches „Immer" gegenwärtig bleibt, bevorzugt dort, wo das Ursprungsgeschehen rezitierend vergegenwärtigt wird. In gleicher Weise, so der Analogieschluß, zielen die literarischen Personen des modernen Romans auf eine „doppelte Wirklichkeit". Sie verfügen, wie Eliade betont, zwar über die historische und psychologische Wirklichkeit der Mitglieder moderner Gesellschaften, haben aber ebenso an der magischen Kraft einer imaginären Schöpfung teil. Daher errät man in der Literatur „noch stärker als in anderen Künsten eine Auflehnung gegen die historische Zeit, den Wunsch, zu zeitlichen Rhythmen zu gelangen, die sich unterscheiden von dem Rhythmus, in dem zu leben und zu arbeiten man gezwungen ist". Der Mensch, der sich zwischen Himmel und Erde, Götter und Mächte ausgespannt erfährt, hat eine andere Bedeutung als derjenige, der sich ausschließlich in das System einer Sozialversicherung eingebettet sieht. Ein Eindruck wie der von Eliade geäußerte verdichtet sich, wenn ein Roman noch weitergehende, über die Adaption einzelner Motive hinausgehende Anleihen beim Mythos vornimmt und sich als jenes *eigenartige Gewebe* (G. García Márquez) präsentiert, für das Literaturwissenschaftler seit H. Kasacks Roman *Die Stadt hinter dem Strom* aus dem Jahre 1947 den Begriff des *magischen Realismus* verwenden.

Um dies näher zu präzisieren, möchte ich mich kurz auf den vielfältig bekannten, inzwischen auch verfilmten Roman *Das Geisterhaus* von I. Allende beziehen. Ein mutmaßlicher Grund für den Erfolg dieses Romans ist sicher darin zu sehen, daß *Parabolik* und *Paradigmatik*, das *Einst im Jetzt des Mythos*, hier weder vorgetäuscht noch plump intendiert scheinen. Auf Schritt und Tritt bemächtigt sich in der Erzählung Allendes eine andere Wirklichkeit der handelnden Personen, die Wirklichkeit der Geister und der Beschwörungen, der übernatürlichen Kräfte, wie besonders an *Onkel Marcos* und seinem *Hund Barrabas* sichtbar wird. Reale Geschichte und mythische Zeit vermischen sich, der chronologischen Abfolge entspricht eine innere Gleichzeitigkeit, und Rationalität und Sinnenhaftigkeit sind hier gerade kein Widerspruch. Paradigmatik und Parabolik bewähren sich in der unmittelbaren Dechiffrierung auch deshalb, weil Leiden, Wahnsinn und Verbrechen in ihnen nicht voreilig harmonisiert werden. Im Blick auf diesen Typ lateinamerikanischer Literatur, die aktuelle Variante einer *Mythologie der Befreiung*, spricht Octavio Paz deshalb auch von einem *pessimistischen* Realismus, der sich mit einem offensichtlich religiösen Symbolismus verbinde.

Das Ergebnis ist eine Anschauungsweise, keine Denkform, die Schöpfungsglaube und Revolution zusammenbringt, die den geschichtlichen Menschen und die „Söhne Adams" zu einer Einheit verschmelzt. Daher ist das Allgemeine, das aus diesen „Mythen" spricht, ein anderes als das der nachneuzeitlichen, postmodernen Mythen. Beide sind ein *document humain*; aber während der postmoderne Mythos gleichsam eine Beschreibung der *condition humain* in festen anthropologischen Konstanten geben möchte, versteht sich der Roman als Momentaufnahme, Ausschnitt, als etwas, das in Bewegung ist und genau wie der archaische Mythos in jedem Augenblick der Aktualisierung zu einem *Jetzt* werden kann.

Das zweite Beispiel, das hier genannt werden soll, verbindet sich mit dem von O. Marquard eingeführten mehrdeutigen

Begriff des „aufgeklärten Polytheismus"[7], der einen genuin mythischen Topos aufgreift. Unter Polytheismus versteht man bekanntlich die vielgestaltige Götterwelt der vorchristlichen Zeit, vor allem der griechischen Mythologie, in der die Götter in Analogie zur Menschenwelt lieben und hassen, Kriege führen, Intrigen spinnen und sich in Leidenschaften verstricken. Über diese Götterwelt konnte bereits Xenophanes um 500 v. Chr. sagen:

> „Homer und Hesiod haben die Götter mit allem belastet, was bei den Menschen übelgenommen und getadelt wird: Stehlen und ehebrechen und einander betrügen."

Aus der Perspektive Marquards konkretisiert sich „aufgeklärter Polytheismus" in dem spezifisch modernen Genus „Roman", dem neben der Geschichtswissenschaft allein noch die kompensatorische Aufarbeitung jener Defizite zuzutrauen wäre, die sich aus dem Plausibilitätsschwund der jüdisch-christlichen Überlieferung ergeben. Die vielen Geschichten, die der aufgeklärte Polytheismus erzählt, beziehen ihre Überzeugungskraft aus der Entmischung von *facta* und *ficta*, von harter Realität und variantenreicher Dichtung. Die Polymythie wird neuzeitlich entzaubert durch den Schritt „aus dem Kult in die Bibliothek", in der die Geschichtswerke und Romane als die Polymythen der modernen Welt präsent sind.

Die angeführten Beispiele spiegeln eine Sicht *von außen* auf den Mythos, die auch noch da, wo sie sich um dezidiert mythologische Motive bemüht, nicht über den Analogieschluß hinausreicht: Marquards *aufgeklärter* Polytheismus beispielsweise will ja gerade kein wirklicher Polytheismus sein. Eine weitergehende Identifikation hinge dagegen vor allem daran, daß die Orientierung am Mythos *von innen heraus* gesucht wird, daß also die Strukturen von Mythos und Roman über das eingangs genannte existentielle Moment aneinander angeglichen werden. Ein gelungenes Beispiel für eine solche Einordnung der eigenen literarischen Produktion in die formalen Strukturen des Mythos scheint mir Thomas Mann zu sein. In einigen Selbstinterpretationen des Schriftstellers erscheint der

Vorgang des Erzählens nicht zufällig in Analogie zu der Identifikation von Einst und Jetzt, wie wir sie als eine wesentliche Funktion des Mythos kennengelernt haben. Das *literarische Imperfekt* ist das Einst des Mythos, ohne welches das Jetzt nicht wäre und dessen Bestand wiederum von der bestandserhaltenden Vergegenwärtigung dieses Einst abhängt. Der „Buchenswert" der Geschichte Hans Castorps beispielsweise wird zu Beginn des *Zauberbergs* mit genau dieser Überlegung eingeführt und begründet:

„Diese Geschichte ist sehr lange her, sie ist sozusagen schon ganz mit historischem Edelrost überzogen und unbedingt in der Zeitform der tiefsten Vergangenheit vorzutragen. Das wäre kein Nachteil für eine Geschichte, sondern eher ein Vorteil; denn Geschichten müssen vergangen sein, und je vergangener, könnte man sagen, desto besser für sie in ihrer Eigenschaft als Geschichten und für den Erzähler, den raunenden Beschwörer des Imperfekts [...]. Sie [sc. die Geschichte] ist viel älter als ihre Jahre, ihre Betagtheit ist nicht nach Tagen, das Alter, das auf ihr liegt, nicht nach Sonnenumläufen zu berechnen [...]. Zudem könnte es sein, daß die unsrige mit dem Märchen auch sonst, ihrer inneren Natur nach, das eine oder andere zu schaffen hat."

Eine weitere „Vergangenheit", noch unvermittelter mythisch konnotiert, begegnet uns im *Josefs*-Zyklus Thomas Manns, den der Autor selbst als biblisch-mythologischen Roman und als humoristische Realisierung des Mythischen bezeichnet hat. Es gibt eine Vielzahl von Äußerungen des Autors, aus denen hervorgeht, daß die romanhafte Verarbeitung dieses Stoffes, der von seinem Zusammenhang her nahe der biblischen Urgeschichte zu stehen kommt und Bestandteil ihrer Ausweitung in die Geschichte im Sinne eines in die Zeit hinein wirksamen und zeitlich meßbaren Geschehens ist, ein Interesse an der *Humanisierung des Mythos* zum Ausdruck bringen möchte.

Auch solche Humanisierung vergegenwärtigt das Vergangene. In der archaischen Welt ereignete sich Vergegenwärtigung unter anderem durch Rezitation. Bei uns, bei den historisch Späten, ist das entsprechende Analogon der Versuch, die unergründliche Tiefe der Vergangenheit, davon spricht bereits der erste Satz des Romans, zu einem *Anfang bedingter Art* zu machen. Der Mythos wird erzählerisch in unsere geschichtliche Welt hineingeholt. Solche Humanisierung des Mythos auf dem Wege über seine Literarisierung macht allerdings nur Sinn, wenn dem Mythos selbst, fern der Schrecken, an denen er auch teilhat, eine humanisierende Kraft zugesprochen werden kann. Dem Mythos muß daher eine Vorbildhaftigkeit eignen, die mehr Resonanz fordern darf als die beliebige Identifikation, die auch unterbleiben kann: Was dem Mythos eignet, muß unverzichtbar für eine humane Existenz und zugleich durch kein anderes Medium der Selbstvergewisserung und Weltdeutung ersetzbar sein. Dieses *Definiens* ist in den Augen Thomas Manns die Idee der *Bedeutsamkeit*. Rückblickend auf den Josefsroman führt sein Autor in einem Essay aus dem Jahre 1932 unter anderem aus:[8]

„Das Leben, jedenfalls das ‚bedeutende‘ Leben, war die Wiederherstellung des Mythos in Fleisch und Blut; es bezog sich und berief sich auf ihn, und weit entfernt, sich durch sein Schon-da-gewesen-sein entwertet oder abgeschwächt zu fühlen, wies es sich gerade durch die Bezugnahme aufs Vergangene als echtes und bedeutendes Leben aus. Der Mythos ist die Legitimation des Lebens. Der ‚Charakter‘ ist ein mythischer Typus, der ‚wieder da‘ ist und sehr wohl weiß, daß er und was mit ihm wieder da ist. [...] Man kann nicht bedeutungsvoller, nicht würdiger leben, als indem man den Mythos zelebriert.“

Selbst noch die Weise, in der der Mythos „aus dem Kult in die Bibliothek“ tritt, die Weise literarischer Produktion also, hat nach dem Dafürhalten Thomas Manns etwas durchaus Magisches, das auch hier, wenngleich humanisiert, den Blick auf die Riten und Kulte archaischer Gesellschaften lenkt, wie der Autor im gleichen Text über einen anderen „Zauberer“, Oskar Kokoschka, bekennt:

„Ein Buch, das sich um die Vereinigung von Mythos und Psychologie bemüht, das eine mythische Psychologie und eine Psychologie des Mythos zu geben versucht – wer sollte geschickter sein, es mit Bildern zu schmücken, als der Künstler der ‚zivilisierten Magie'?"

Der Schriftsteller ist der „Künstler der zivilisierten Magie".

III. Der Zugang zum Mythos – Ein Blick zurück

So wie sich die vielgestaltige Welt der historisch überlieferten Mythen nur durch Beispiele erschließt, die der Geschichte des Mythos selber entnommen sind, so erscheint auch in systematischer Hinsicht der historische Zugang zum Mythos als der am wenigsten problematische. Religionsgeschichtler und Ethnologen sehen in den Mythen erzählende Erklärungen, die von Ereignissen außerhalb der historischen Zeit berichten. Gegenstand solcher Erzählungen sind die Taten und Handlungen der Götter. Die Mythen handeln nur insoweit vom Menschen, als die göttlichen Taten ihn mitbetreffen oder miteinbeziehen. Die göttlichen Taten dagegen, die der Mythos erzählt, sind zeitlose Gegenwart, lassen sich aber auch immer wieder neu vergegenwärtigen. Sie aktualisieren das, was sie erzählen. Andererseits nimmt der Blick auf die Mythen der Vorzeit ein Welt- und Selbstverständnis des Menschen wahr, das überwunden ist, eine veraltete Weise des Weltbegreifens, der zwar eine eigene innere *Logik*, ein innerer Zusammenhang und entsprechend auch eine eigene, so und nicht anders in den Blick tretende Wahrheit zugestanden werden müssen, jedoch mit der Einschränkung, daß rationalere Formen und Institutionen des Weltbegreifens die Paradigmen des Mythos definitiv abgelöst haben.

Auch gegenwärtig sind nicht nur in der Philosophie und Theologie, sondern auch bei Soziologen, Psychologen und Naturwissenschaftlern Begriff und Sache des Mythos wichtig und umstritten zugleich. Im Sprachgebrauch dieser Wissenschaften erscheinen oft die Wissenschaften selbst, die soziale und politische Wirklichkeit, die Technik, die Alltagswelt oder die vielfältigen Ideologien als *Entsprechungen des Mythos*: Sie transportieren, so der Tenor dieser Interpretationen, in der modernen Welt jene Identitäten, deren man sich archaisch im Blick auf das in den Mythen Angesagte vergewisserte. Ein solcher Sprachgebrauch wurde möglich durch neuzeitspezifische Umbesetzungen, die auch jene Zusammenhänge mit dem

Etikett des Mythos versahen, die ursprünglich das im Verhältnis zum Mythos *Andere* meinten, sei es in der Abgrenzung des jüdisch-christlichen Monotheismus von der antiken Mythologie, sei es im Blick auf Konstrukte, die eine definitive Überwindung des Mythos durch den Logos festzustellen glaubten. Der Bedeutungswandel des *Begriffs* des Mythos, der sich in einer veränderten Wahrnehmung der *Sache* des Mythos ausdrückt, kündigt sich im sogenannten „Ältesten Systemprogramm des Deutschen Idealismus"[9] an, das am Beginn des romantischen Zeitalters steht; es unternahm den Versuch, in einer Synthese von Philosophie, Religion und Poesie eine *Mythologie der Vernunft* zu begründen. In ihr tritt an die Stelle von ausdrücklich dem ursprünglichen Mythos verpflichteten Anschauungen die Überzeugung von der Notwendigkeit einer Verbindlichkeit, die ihrerseits den archaischen Mythos zum bloßen *Vorbild* solcher Verbindlichkeit herabstuft. Diese *formale* Neuauflage des Mythos ist *inhaltlich* zugleich auch eine Weise der Entmythologisierung. Wo schließlich, wie bei F. Nietzsche, versucht wird, den Mythos sowohl als Ausdruck schöpferischer Naturkraft wie als das unbewußte Fundament von Staat und Kultur zu fassen, kommt eine Funktionalisierung zu Wort, die im Mythos eine vorrationale Überzeugung sieht, der in der Gegenwart all das entspricht beziehungsweise zugeordnet werden kann, was sich der zweifelnden und abwägenden Haltung des Verstandes entgegenstellt und Vernunft und Skepsis außer Kraft setzt. In seinen Reflexionen über die Gewalt spricht G. Sorel deshalb bezeichnenderweise vom *Mythos* des Generalstreiks: einer Ordnung von Bildern, die imstande sind, unwillkürlich all jene Gesinnungen wachzurufen, die den verschiedenartigen Erscheinungsformen des Krieges entsprechen, die der Sozialismus gegen die moderne Gesellschaft führt.

Folgenreich wurde auch die Unterscheidung zwischen Mythos und Wissenschaft, die E. Cassirer in seiner *Philosophie der symbolischen Formen* entwickelt hat. Beide bezeichnen zwar unterschiedliche Formensysteme, wichtiger sind jedoch die durchgängigen funktionalen Äquivalente. Sowohl das *Formensystem* „Wissenschaft" wie das *Formensystem* „Mythos" verfügen über eine strukturierte Raum- und Zeitanschauung und kennen Substantialität und Kausalität. Deshalb kann ein Strukturvergleich auch nicht dazu dienen, das eine Formensystem gegen das andere auszuspielen. Jedes ist auf seine Weise autonom. Als solche gehen sie eine Wechselwirkung ein, aus der *Kultur* entsteht: Jedes kulturelle Gebilde bzw. Symbolgefüge, das nicht in strengem Sinne Wissenschaft ist, kann daher als „Mythos" angesprochen werden. Mythos ist potentielle Religion, Religion ist Mythos in seiner entwickeltsten Form.

Mit der strukturalistischen Betrachtungsweise erreicht die Auflösung des ursprünglichen Mythenbegriffs seine vorläufig letzte Stufe. Der Mythos ist zwar [noch] eine besondere Aussageform bzw. ein besonderes Mitteilungssystem; er läßt allerdings keine sichere inhaltliche Unterscheidung zwischen den „mythischen Objekten" mehr zu: Wenn der Mythos eine bestimmte Aussageform und nichts weiter ist, dann kann, wie R. Barthes[10] betont hat, alles, wovon ein Diskurs Rechenschaft ablegen kann, Mythos werden. Es kann für den Mythos daher nur *formale*, aber keine inhaltlichen Grenzen geben. Unter dem Aspekt mythischer Rede lassen sich sowohl die Gewohnheiten und Leitbilder menschlichen Zusammenlebens analysieren wie auch die sozialen Symbole und unterschiedlichen Sprachformen. Aktualisierungen wie die angesprochenen und Weiterentwicklungen des Mythos werden aber erst im Rückblick auf und im Vergleich mit dem ursprünglichen, genuin mythischen Potential durchsichtig, das im folgenden anhand ausgewählter Beispiele vorgestellt werden soll.

Schöpfungs- und Ursprungsmythen

Der Prozeß der Mythenbildung und -ausgestaltung beginnt mit den Ursprungsmythen, der imaginativen Begründung des Bestehens der Welt, ihrer Dauer und Beständigkeit. Unter diesen Schöpfungsmythen ragt mit den Erzählungen aus Gen 1ff., der *biblischen Schöpfungsgeschichte*, ein Stück ursprünglichen mythischen Weltverstehens in noch wahrnehmbarer Weise in unsere Gegenwart hinein. Daß diese Erzählungen als Argumente gegen die Religion im allgemeinen und das Christentum im besonderen mißbraucht werden konnten und auch gegenwärtig noch in fundamentalistischen Kreisen Kontroversen wie jene zwischen Kreationisten und Evolutionisten hervorrufen, ist mehr als nur ein Indiz mangelnder Bildung. Hier begegnen wir dem sogenannten *mythologischen Mißverständnis*, denn es ist nicht nur naiv, an diese Erzählungen mit den Maßstäben moderner Wissenschaftlichkeit heranzutreten oder die in diesen Erzählungen gebotenen Erklärungen deswegen abzulehnen, weil aus ihnen nicht einmal ansatzweise das spricht, was zur Zeit ihrer Entstehung „Wissenschaft" hätte sein können. Daß diese Erzählungen uns heute überhaupt noch etwas zu sagen haben, hängt ja gerade mit ihrem nichtwissenschaftlichen, transrationalen, eben *mythischen* Charakter zusammen. Er stellt ein unerschöpfliches Material der Interpretation bereit und soll in jedes nichtmythische Welt- und Selbstverständnis hinein neu ausgelegt werden. Genau dies meint P. Ricœur, wenn er sagt, *daß der Mythos zu denken gebe*. Wenn der Mythos zu denken gibt, kann das nicht heißen, er ließe sich vollständig begrifflich umsetzen, etwa in der Weise, daß mythisch-religiöse Aussagen unbesehen mit dogmatisch-theologischen identifiziert werden könnten. Der Schöpfer, von dem die Ursprungs- und Schöpfungsmythen sprechen, ist ja keineswegs identisch mit dem monotheistischen Gott der Hochreligionen oder gar mit dem „Gotteskonstrukt" einer philosophischen Theologie.

Es ist darauf hingewiesen worden, daß die Allwissenheit des Schöpfers, die auf die Schöpfung als Ganze in jedem einzelnen Schöpfungsakt bedacht ist, als *magische Allwissenheit des Mythos* durchaus nicht vergleichbar ist mit der *visuellen Allwissenheit*, die aus den Attributen des rationalistischen Gottes der Theologie spricht [„Gott sieht"]. Ähnlich verhält es sich mit der Allmacht des Schöpfers, deren mythische Anklänge den Gedanken an die Vereinbarkeit von Allmacht, Güte, Liebe und Allwissenheit des *Theologengottes* noch gar nicht aufkommen lassen. Auch die unterschiedlichen Schöpferfiguren des Mythos, der *Demiurg* Platons ebenso wie der *Jahwe* der Bibel und der *Gesetzgeber*, von dem das Gilgamesch-Epos spricht, sind Repräsentanten einer mythischen Gedankenwelt und nicht Träger des abstrakten Attributs *Schöpfer*. Die Mythen, in deren Zentrum sie stehen, wollen das Universum gerade nicht begrifflich-rational erklären.

In den Schöpfungsmythen, auch wenn man sie *metamythologisch* zu lesen versucht, gilt das vorrangige Interesse überhaupt nicht dem einmaligen Schöpfungsakt, sondern dem gegenwärtigen Bestand der Welt. Man kann sich den einmaligen Schöpfungsakt nur als vervollständigende Fortsetzung der mythischen Welt der Entstehung vorstellen. Entsprechend liegt auch die *Wahrheit des Mythos* nicht darin, daß er – etwa im Verhältnis zu anderen Mythen – plausibler erklärt, prinzipieller deutet oder sich eher als eine alternative mythologische Erklärung logisch-abstrakt auflösen läßt: Der Beweis für die Wahrheit des Schöpfungsmythos ist die faktische Existenz der Welt. Das Nacherleben ihrer Entstehung durch die mythische Vergegenwärtigung ist zugleich die Garantie für den Fortbestand dieser Welt. Nur solche Vergegenwärtigung bewahrt vor dem Rückfall in das Chaos, und selbst dort, wo die Erzählung von einem solchen Rückfall spricht und dem Schöpfergott anlastet – man denke an die biblische Erzählung von der *Sintflut* –, ist die erzählende Vergegenwärtigung dieses Widerrufs apotropäisch, das Unheil abwehrend. Die Rezitation des Mythos zwingt den Schöpfer in eine nicht veränderbare Beständigkeit des Erhaltens. Sie zeigt sich in den vielen Schöpfungsmythen, vor allem aber in der biblischen Schöpfungsgeschichte darin, daß der Schöpfer am Ende seines Werkes, am „siebten Tage", ruht. Gerade die Tatsache, daß er nichts Neues in Angriff nimmt, sichert den Fortbestand und die Dauer des einmal ins Werk Gesetzten.

Die Schöpfungsmythen sind aber auch *angstbesetzt*. So ist der wiederholte Hinweis auf die Güte der Schöpfung in der biblischen Schöpfungsgeschichte – zuletzt in Gen 1,31 – ein unübersehbarer Reflex der Furcht, das Chaos, von dem Gen

1,2 spricht, könne wiederkehren. Bestandteil der biblischen Schöpfungsgeschichte ist deshalb nicht nur der unmittelbare, das Sechs-Tage-Schema variierende Schöpfungsbericht, der im Unterschied zu den Schöpfungsmythen der altorientalischen Welt, die in den Elementen des Kosmos Götter sahen, betont, daß alle Dinge, Pflanzen, Tiere und Menschen durch Gottes Wort entstanden sind. An die Seite des Schöpfungsberichtes treten ergänzend die Aussagen über die Gottebenbildlichkeit des Menschen [der Mensch als „Krone der Schöpfung], die Erzählung von Paradies und Sündenfall, von der Sintflut, von Noahs Neubeginn [die gleichsam eine „zweite Schöpfung" ist], und die Erwählung Abrahams. Durch sie wird die Schöpfung in einer gleichsam auf die Freiheit des Menschen gegründeten *creatio continua*, einem beständig andauernden Schöpfungsvorgang, mit einem durchaus innovativen Akzent in die Geschichte hinein ausgeweitet. Die *vielen Geschichten*, die jetzt erzählt werden, variieren nicht nur die *eine Geschichte* Gottes mit den Menschen; sie sind auch die fortwährende Bestätigung der Unwiderruflichkeit der Scheidung von Schöpfung und Chaos.

Der naheliegenden Frage, in welcher Weise sich von einer Fortdauer oder gar bleibenden Gegenwart dieser mythischen Bilder und Vorstellungen im gegenwärtigen Erscheinungsbild der jüdisch-christlichen Tradition sprechen läßt, muß zunächst einmal der Hinweis darauf folgen, wie sehr in einem fest umrissenen Sinn *mythische*, der christlichen Tradition einbeschriebene Schemata das Bewußtsein des okzidentalen Menschen bis weit in die Neuzeit bestimmt haben. Dieses Fortwirken hängt nicht zuletzt damit zusammen, daß uns hier Strukturen begegnen, die einem bestimmten *Grundbedürfnis nach dem Mythos* entsprechen, das sich gegenüber allen aufklärerischen Bestrebungen als gleichgültig erweist. Dieses Grundbedürfnis ist der *Wille zur Überschaubarkeit*, dem nichts so sehr entgegenkommt wie die Reduktion aller möglichen Antworten auf eine einzige umfassende Antwort und ihre Verortung in einem kanonischen Text, der Bibel, der „kleinen Welt des heiligen Buches".[11] Dieser Text inszeniert nicht nur den Dialog zwischen Gott und seiner Schöpfung und stellt die Frage der Zugehörigkeit zu einer bestimmten auserwählten Gemeinschaft über schwierige theologische Probleme. Er behandelt auch in vielfältiger Variation jene Kernfrage, an der sich bereits der archaische Mythos entzündete, das *Problem der Zeit.* Es konkretisiert sich in der Schöpfungslehre, der Apokalyptik und Eschatologie [Aussagen über das Ende der Welt und eine „neue Schöpfung"] sowie in den aus ihnen abgeleiteten Geschichtsspekulationen, die dann Fragen wie jene des Verhältnisses von Universum und Welt des Menschen, Überlegungen zur Einheit der Menschheit und zur Bestimmung des Verhältnisses zu konkurrierenden Mythen zu beantworten versuchen. Die Lösungen der „kleinen Welt des heiligen Buches", der Bibel, sind nicht zuletzt deshalb plausibel, weil sie das als verwirrend und komplex Erfahrene auf einfache und sich durchhaltende Strukturen zurückführen, denen sich neue Erfahrungen auf unproblematische Weise eingliedern lassen, wie Beispiele aus dem Zeitalter der Entdeckungen im 16. Jahrhundert zeigen: Das als fremd Empfundene ließ sich mit den biblischen Mustern, der „heiligen Geographie", zu einem Vertrauten machen und dem vorfindlichen Erfahrungshorizont einbeschreiben. So zeigt nicht nur der Zusammenhang von Astrologie und astronomischer Revolution in der Renaissance die integrative und als solche innovative Kraft des Mythos, sondern ebenso die geradlinige Entwicklung „vom Kreuzzug zur Ethnologie".

Der altorientalische Königsmythos

Ein Seitenstück zu den Schöpfungs- und Ursprungsmythen mit vielfältigen Überschneidungen ist der altorientalische Königsmythos, der das Motiv des „Gründens" und „Ins-Sein-Setzens" variiert und die Forderung nach der Bestandssicherung der Schöpfung mit dem Aspekt der Legitimation der staatlich-politischen Ordnung verbindet. Ein bevorzugter Weg zu diesem Ziel, wie das Beispiel des altägyptischen Königsmythos zeigt, ist die mythische, ja schon fast *religiöse* Überhöhung des Herrschers, etwa in der Bezeichnung des Königs als des *Sohnes Gottes*. Eine deutliche Parallele im Alten Testament ist *Psalm 110*, der David diesen Titel zuspricht. Auch die neutestamentlich-christliche Bezeichnung Jesu als Sohn Gottes legitimiert sich bekanntlich von diesem Psalm her.

Mit der Aussage, der König sei „Sohn Gottes", ist keineswegs ein Verhältnis leiblicher Nachkommenschaft gemeint. Der Titel umschreibt die Stellung des Königs zwischen der Menschen- und der Götterwelt, die in den mythischen Kategorien göttlicher Zeugung veranschaulicht wird.

Der altägyptische Mythos berichtet, daß *Re* oder *Amun* einen Thronfolger zu zeugen beabsichtigt. Dazu nimmt er die Gestalt des regierenden Königs an, betritt als solcher den Palast und vereinigt sich mit der jungfräulichen Königin. Aus den danach unmittelbar von der Frau ausgesprochenen Worten formuliert er den Namen des Thronfolgers, der nun *monogenes*, „eingeboren", heißt. Der so gezeugte König hat kraft seiner „Zeugung" sowohl an der Welt der Götter wie auch an der der Menschen teil.

Bedeutsam wird diese Doppelnatur des Königs im Blick auf die Aufgaben, wie sie die ägyptische Anschauung mit der Person des Pharaos in Verbindung bringt: Die Sorge um das Wohlergehen der Götter (Kult, Ritual und Opfer) und die Sorge um das Wohlergehen des Volkes (Ernährung, Erweiterung der Grenzen, Rechtsprechung). Das Wohlergehen aller ist nur dann gesichert, wenn die Herzen der Götter nicht „schwach" werden, d. h. wenn ihnen durch Opfer regelmäßig neue Kraft zugeführt wird. Diese Opfer kann nur der König darbringen. Geschieht dies nicht, haben weder persönliche Gebete noch politische Handlungen Erfolg:

„Als seine Majestät als König erschien, da waren die Tempel der Götter und Göttinnen von Elephantine bis zu den Sümpfen des Deltas im Begriff, vergessen zu werden, ihre Heiligtümer fingen an zu vergehen, indem sie Schutthügel geworden waren, mit Unkraut bewachsen, und ihre Kultbildräume waren, als wären sie nie gewesen, ihre Hallen ein Fußweg. So machte das Land eine Krankheit durch, und die Götter wandten diesem Land den Rücken. Wenn man Soldaten nach Syrien sandte, die Grenzen zu erweitern, hatten sie keinen Erfolg. Flehte man einen Gott an, so kam er überhaupt nicht. Auch eine Göttin kam nicht. Ihre Herzen in ihren Gestalten waren schwach geworden, und sie vernichteten, was sie einst geschaffen hatten."

Die Infragestellung der Schöpfung bei der Vernachlässigung des Kultes durch den König macht deutlich: Nur der Pharao gewährleistet im Zusammenhang mit den Göttern den Bestand der Schöpfung. Der Tod eines Königs gefährdet für die Übergangszeit bis zu einem neuen Nachfolger den Bestand der Welt und ihrer Ordnung; der Regierungsantritt kann mit einer Neuschöpfung der Weltordnung verglichen werden. Er ist die sichtbare Wiederholung der Verwirklichung der *Ma'at*, der Ordnung der Welt. Der Mythos greift wie selbstverständlich in den Alltag ein und gestaltet ihn ganz in seinem Sinne; selbst die historischen Ereignisse – der Regierungsantritt eines bestimmten Königs zu einem bestimmten Datum – entsprechen einer im Mythos vorgeprägten Struktur. Der Mythos selbst *ist* Alltag *und ist* Geschichte. Obwohl im Blick auf ein vor unvordenklichen Zeiten Geschehenes konzipiert, bezeichnet er ein gerade eben jetzt eingetretenes Ereignis.

Die Forschung hat zu Recht immer wieder betont, daß die Erzählungen des Mythos nicht an einem bestimmten Ort oder in einer bestimmten Vergangenheit zu lokalisieren sind, sondern zeitlich und räumlich ihren Ort im *Jetzt* haben. Voraussetzung einer solchen zeitlosen Gegenwart ist aber der vollgültige Vollzug des erzählten Geschehens in der minutiösen Rezitation des tradierten Textes und im genau bestimmten rituellen oder kultischen Nachvollzug.

Eine bemerkenswerte Rolle kommt dem König auch im kosmologischen Entwurf des Aristoteles zu, der, wie der Mythos der Spätzeit überhaupt, zugleich auch schon indirekt den Mythos in Frage stellt, „entmythologisiert". Bei Aristoteles übernimmt der altorientalische Königsmythos die Vermittlung von *soziomorpher* und *technomorpher* Erklärung des Gewordenseins des Kosmos. Unter einer soziomorphen Deutung verstehen wir Versuche, Erfahrungen aus der sozialen Welt der Menschen auf die Götter zu übertragen und dann im Umkehrschluß aus diesen Eigenschaften der Götter bestimmte Formen des menschlichen Zusammenlebens zu legitimieren; unter technomorpher Deutung begreift man Versuche, Bilder aus der Welt des Herstellens und Machens auf die Götter zu übertragen [vgl.: „Gott schuf"]. Das Ergebnis ist eine Polarität von Mikrokosmos und Makrokosmos, wie wir sie noch aus der modernen Anthropologie kennen.

Die Überlegungen, die Aristoteles in seiner Schrift *Über die Welt* entfaltet, bewegen sich zwischen Personalisierung einerseits und dem Hinweis auf eine unpersönliche Kraft andererseits. Sie verbinden Mythisches im weitesten Sinne mit einer prinzipienorientierten, „wissenschaftlichen" Erklärung. Die Entstehung des Ganzen, des Kosmos und seiner unpersönlichen Harmonie, des Weltgesetzes, wird mit Kategorien beschrieben, die dem Bereich des intentionalen Handelns entlehnt sind, wie es sich nur einem mit Wollen ausgestatteten handelnden Subjekt zuschreiben läßt. Daher wird die Urkraft, die das All zusammenhält, bald *Gott* genannt, bald mit unerschöpflicher Kraft ausgerüstet, als *Herrscher* auch des Fernsten bezeichnet und in einem Stufenschema verortet, das von der höchsten Wohnung auf dem „äußersten Gipfel des Weltalls" bis in die tiefsten Tiefen reicht. Um das Ingeniöse des Weltenschöpfers hervortreten zu lassen, schildert Aristoteles den persischen Großkönig in all seiner Pracht, „die Majestät des Kambyses, des Xerxes und Dareios", ihre „allen unsichtbare Wohnung in Susa oder Ekbatana", die „gesamte Herrschaft über Asien", um dann – in der soziomorphen Projektion dieses Modells auf den Kosmos als ganzen – zu folgern,

„daß die Würde des Großkönigs hinter der des Gottes, der die Welt in seiner Hand hält, ebensoweit zurücksteht wie hinter der seinen die des geringsten und schwächsten Geschöpfes. Wenn es daher als unwürdig galt, daß Xerxes irgend etwas selber für sich zubereite und alles selber vollstrecke, was er wollte, und sich erhöbe, um es zu ordnen, wieviel unschicklicher wäre dies noch für Gott! Würdiger und schicklicher ist es, daß er selber ruhig auf dem höchsten Platze waltet und daß seine Macht durch das ganze Weltall reicht, Sonne und Mond bewegt, den Himmel dreht und der Urgrund der Erhaltung aller irdischen Dinge ist."

Aristoteles stellt sich zwar in der Tradition der ionischen Naturphilosophie und in Anlehnung an die rationale Kosmologie eines Anaxagoras den Kosmos als ein rational gegliedertes und geordnetes Ganzes vor, orientiert an zeitlos gültigen, nur im Denken nachvollziehbaren Prinzipien. Er schließt aber auch von der konkreten Polis-Gesellschaft und von den Reichsgründungen altorientalischer Großkönige und ihren politischen Ordnungsvorstellungen auf die Kosmosordnung, die dann ihrerseits die Ordnungen vorgibt, nach denen die Menschen ihr Leben einzurichten haben. Diese „schöne Ordnung" – nichts weiter heißt „Kosmos" in der wörtlichen Übersetzung – wird durch die Mythologisierung rationaler Begründungsschemata zur unerschütterlichen Gewißheit. Die spätestens um die Zeitenwende einsetzende Kritik an dieser Kosmologie wird die Schemata des *gnostischen Mythos* variieren; sie wird also noch in der Kritik am Mythos dem Mythos verpflichtet bleiben.

In diesem Zusammenhang soll nicht verschwiegen werden, daß Aristoteles den Mythos als literarisches Mittel sehr genau reflektiert hat und den Begriff in seiner *Poetik* durchgängig im Sinne von „Inhalt" [Erzählung, erzähltes Geschehen] oder „Fabel" gebraucht. In der Bestimmung des Zieles [telos] der Tragödie nennt Aristoteles als tragende Elemente Handlung und Mythos. Wie Platon, der die Kunst als bloße Nachahmung angesehen hat, sieht auch Aristoteles in der Kunst die Nachahmung am Werk und wertet sie im Gegensatz zu Platon positiv. Dazu bedient er sich des Begriffs und der Sache des Mythos, der, „da er Nachahmung von Handlung ist, Nachahmung einer einzigen und ganzen Handlung" sein soll, eines Erzählzusammenhangs, der ein wirkliches oder vorgestelltes Geschehen, die Handlung, zur Darstellung bringt. Die Dichtkunst besteht eigentlich in nichts anderem, als „daß sie die Mythen [...] dramatisch aufbauen und sich auf eine einzige, geschlossene und vollständige Handlung beziehen soll mit einem Anfang, Mitte und Abschluß, damit das geschlossene Ganze wie ein organisches Wesen die entsprechende Freude hervorbringt".[12]

In Babylon entspricht der Bedeutung der Inthronisation als einer mythischen Vergegenwärtigung das rituelle Neujahrsfest, an welchem dem König seine Macht abgesprochen wurde, bis er versicherte, sich nicht ungerecht gegenüber dem Volke verhalten und dessen Rechte geachtet zu haben. Auch diese rituelle Abdankung und Neueinsetzung wurde mit der Schöpfung insgesamt in Verbindung gebracht; während des Neujahrsfestes wurde der babylonische Schöpfungsmythos rezitiert. Die Rezitation brachte das Schöpfungsgeschehen nicht nur im Sinne des Andenkens oder der historischen Erinnerung ins Gedächtnis; sie bestätigte aufs neue den Sieg *Marduks* über die Mächte des Chaos.

Der griechische Mythos

Die eingangs vorgestellte allgemeine Definition des Mythos besagte, daß der Mythos versuche, das Unbestimmte, Bedrohliche in der Deutung zu bewältigen und aufzufangen, und zwar in der Überführung des Beliebigen in das Bedeutende. In der Welt des *antiken Mythos* konkretisiert sich diese abstrakte Bestimmung in der Anerkennung einer Kosmosordnung, in deren unbewegtes Geordnetsein der Mensch eingeschlossen ist. Da alles schon vorgegeben ist, läßt sich diese Ordnung auch nicht mehr vervollkommnen. Der Mensch kann sich zwar bemühen, Herr dieser Ordnung zu werden, bleibt aber selbst dann, wenn er sie virtuos handhaben lernt, ihr Knecht. So lebt er nach dem Selbstverständnis des antiken Mythos in einem zeitlosen Raum, in dem nichts geschieht und nichts wird, auch oder gerade weil dieser Raum dem menschlichen Verstand vollständig durchsichtig ist. Die alternative Gliederung des immer gleichen Raumes ist als solche die *Reproduktion* eines immer schon Vorgegebenen, nicht Produktion, *Schöpfung*. Ungeachtet der Geschichten von Chronos, der seine Kinder frißt, von Zeus und von den Chaosmächten kennt der griechische Mythos keine Erzählungen über den Ursprung und die Schöpfung, die mit jenen der altorientalischen Welt vergleichbar wären, sondern nur einen geschlossenen Immanenzzusammenhang. Er ist gleichsam die Bühne, auf der die olympischen Götter des polytheistischen Mythos agieren. Selbst die Götter können diesen Zusammenhang nicht sprengen; sie sind dem Menschen daher nur graduell, nicht prinzipiell überlegen. Alle Geschichten, die sich über sie erzählen lassen, variieren wie die Geschichten der Menschen das eine Thema: den Gegensatz von *Kosmos und Chaos*.

Von diesem Gegensatz unterscheidet sich die Ausgangssituation des biblischen Mythos erheblich, trotz der Schöpfung aus dem Nichts in Gen 1. Der Mensch, der in der als Schöpfung verstandenen Welt lebt, erlangt die Freiheit des Handelns gerade nicht durch Einblicke in die äußere Notwendigkeit, durch die Erkenntnis des Wesens und der Gesetze des Kosmos: Er erfährt die Freiheit immer schon als innere Notwendigkeit. Der Mythos von einem Sündenfall [vgl. Gen 3] meint daher vor allem, daß sich der Mensch für die Annahme dieser inneren Notwendigkeit durch sein Wort entscheiden und diese Entscheidung durch sein Handeln bestätigen muß. Die Welt, der Raum dieser Bestätigungen, ist im Vergleich dazu nichts anderes als die Summe von Plätzen, die im Verhältnis zueinander gleich gut sind. Jeder einzelne von ihnen kann Gegenstand der freien Betätigung des Menschen werden.

Während in den Irrfahrten des Odysseus die Zeit weder schneller noch langsamer fließt und jeder Weg gleich lang ist, während jedes Zusammentreffen auf diesem Weg eine Geschichte ist, der ganze Weg jedoch keine, und trotz vieler Gegebenheiten eigentlich fast nichts *geschieht*, ist die Exodus-Erzählung die Umschreibung der Erfahrung, daß durch die in

Freiheit gesetzten Taten des Menschen die Zeit sich nach vorne öffnet. Mit der Anerkennung des Gegebenen im antiken Mythos kontrastiert im biblischen Exodus-Geschehen das andauernde Überschreiten des Gegebenen, das Urmodell geschichtlicher Schöpfungsarbeit. Maßnehmend an den Modellen aus der „kleinen Welt des heiligen Buches" läßt sich sowohl das kosmische Geschehen wie die Geschichte der Menschen insgesamt als ein einmaliger Vorgang bewußt machen, beginnend mit der Schöpfung und endend mit der Parusie, der erwarteten Wiederkunft Jesu Christi zum Jüngsten Gericht. Noch die säkularen Konstrukte der neuzeitlichen Geschichtsphilosophie bis hin zum Marxismus zehren von der Substanz des biblischen Mythos, der Vorstellung von einer zwischen Schöpfung und Parusie ausgespannten *Linearität*.

Aus dem Innern dieses Motivs heraus und nicht so sehr aus historisch-kontingenten Gründen resultiert die noch in der Weise der Säkularisierung wirksame Kraft der Bilder des biblischen Mythos. Dazu ein weiteres Beispiel, das zugleich ein Hinweis auf das „Nachleben" des biblischen Mythos ist.

Der biblische Schöpfungsbericht bedient sich der Entgegensetzung von „Morgen" und „Abend" und begrenzt das qualitätslose, rein quantitative Kontinuum der Zeit, um ihm die weiteren Grenzziehungen, die in ihrer Gesamtheit die Schöpfung „sind", einzubeschreiben. Die Unterscheidung von „Oben" und „Unten" wird ebenso in diese Grenzziehung eingebunden wie jede weitere, nach „Tagen" gegliederte zeitsynchrone Hervorbringung. Der *Morgen* wird auf diese Weise zum Synonym für den Anfang überhaupt, die Schöpfung ist primär Scheidung zwischen Licht und Finsternis. Nicht zufällig instrumentiert den Schöpfungsvorgang der Kehrvers: „Und es ward Abend, und es ward Morgen, erster (zweiter, dritter etc.) Tag."

Auch hier dürfen Anklänge an das altorientalische Krönungsritual vermutet werden, das weit vor den biblischen Schöpfungsbericht, nämlich bis ins dritte vorchristliche Jahrtausend, zurückreicht. Die ältesten sumerischen Hymnen singen von einem *Zeitenmorgen*, vergleichbar dem Sonnen- oder

Sternenaufgang. Mit dem jeweils neuen Herrscher beginnt eine neue Zeit, und die Übernahme der Herrschaft durch ihn wird mit dem Hervortreten eines neuen Sterns verglichen. Noch die Geschichte von den drei Weisen aus dem Morgenlande (vgl. Matth. 2) bezieht ihre Bildkraft aus dieser Parallele. Nicht nur das altorientalische Krönungsritual, sondern auch diese unser Weihnachtsbrauchtum prägende Geschichte vergegenwärtigt den mythischen ersten Morgen, den Beginn der Schöpfung überhaupt. „Mythisch" sind aber auch, weil dieser Lichtmetapher verpflichtet, säkulare Epochenunterscheidungen wie jene vom „finsteren Mittelalter" einerseits und der „Aufklärung" andererseits. Selbst noch ein Begriff wie jener von der „Neuzeit" verweist auf Kontexte, die sich nur über eine solche Metapherngeschichte erschließen lassen.

Der gnostische Mythos

Die spätantike Gnosis ist eine vielschichtige, ja heterogene Bewegung, deren geistiges Profil gerade wegen der unterschiedlichen Forschungsansätze bis in die Gegenwart schillernd geblieben ist. Es muß in dieser kurzen Darstellung also vordringlich darum gehen, einen Begriff des Gnostizismus zu gewinnen, von dem her die Übernahme wirklicher oder vermeintlicher gnostischer Themen und Motive [der Angst, des Verlorenseins in der Welt, die schlechte Schöpfung, der „böse" und der „gute" Gott] in der Philosophie und in der Religionsgeschichte erkannt und beurteilt werden können. Die Geschichte der Auseinandersetzung mit dem Phänomen der Gnosis in der Spätantike zeigt, daß bei dem Versuch einer Definition dieser vielschichtigen Größe jeweils einzelne Momente des gnostischen Schemas generalisiert und griffige Formeln vielfach den komplexen historischen Befunden übergestülpt worden sind. So könnte beispielsweise die Stilisierung der Gnosis zur Angst angesichts des gefühlten oder gewußten Verlassenseins des Menschen im Kosmos auf jede beliebige Religion zutreffen. Ähnliches gilt für die auf Markion fixierte Überbewertung eines angeblich genuin gnostischen Dualismus. Schließlich wird das Bild der Gnosis als eines historischen Phänomens vielfach von Neo-Gnostizismen verstellt, die das, was sie für die Gnosis halten, als Heilmittel für die ideenpolitischen Verunsicherungen in der Gegenwart empfehlen. Die Gnosis erscheint dann beispielsweise als Prototyp esoterischer Religiosität, deren Heilssorge sich insofern mit dem historischen Phänomen der Gnosis verbinde, als es beiden um die Propagierung eines Heils zu tun sei, „von dem man bislang nichts wissen konnte". Schon in der ursprünglichen Gnosis begegne dieses Heil in der Gestalt eines erlösenden Wissens, denn „die Gnosis als Quelle von Einsicht und rettender Information ist nicht rationale Erkenntnis, sondern als mitgeteilte göttliche Offenbarung ein Wissen, das durch sich selbst erlöst und hilft. [...] Das alles wird nicht erklärt, begründet, bewiesen, sondern beteuert. Mit Rationalität hat diese Gnosis als Wissen [...] nichts zu tun. [...] Ob einer ein Gnostiker, Esoteriker, Erleuchteter ist, entscheidet sich schlicht daran, ob er das Wissen hat oder nicht. Wer sich nicht darauf einläßt, ist prinzipiell inkompetent und begreift nichts. Wer es vernimmt und begreift, stellt keine kritischen Fragen."[13] So ist ungeachtet des Erkenntnisaspektes, der schon aus der Bezeichnung „Gnosis" (= Erkenntnis) spricht, der *Mythos* das eigentliche Medium dieser spätantiken religiösen Bewegung.

Als klassische Kurzformel des vielgestaltigen spätantiken synkretistischen Phänomens *Gnosis* können die ihrerseits wiederum nur vor der Folie des Mythos verständlichen Ausgangsfragen Valentins, des Schöpfers des bekanntesten der vielen gnostischen Systeme, gelten, die auf den ersten Blick philosophische und theologische Assoziationen wecken: „Wer waren wir, was sind wir geworden; wo waren wir, wohin sind wir gestellt worden; wohin eilen wir, aus welcher Lage werden wir erlöst; was ist Geburt, was Wiedergeburt?" Diese Fragen sind nur scheinbar philosophisch, wie sich sofort zeigt, wenn man sie im Lichte des ihnen vorgängigen Welt- und Daseinsverständnisses liest, der Geschichte vom Schicksal der Seele, ihrem Ursprung, ihrem tragischen Fall, ihrer Gefangenschaft und ihrer Befreiung, die sich im Aufstieg in die Lichtwelt vollzieht. Die Seele, Teil einer himmlischen Lichtgestalt, die im mythischen „Einst" in die Gewalt der dämonischen Mächte der Finsternis geriet, ist analog zu dieser Vorstellung in den Körper eingeschlossen. *Gnosis/Erkenntnis* bedeutet das Bewußtsein von dieser Gefangenschaft und zugleich die Befreiung, die darin besteht, die Geschichte vom Fall der Seele zu *erkennen* und auf dem Hintergrund dieser Erkenntnis die Antwort auf die Ausgangsfragen Valentins geben zu können: „Aus der himmlischen Welt bin ich gekommen, und durch die materielle Welt bin ich nicht entstanden."

Hans Jonas hat in den dreißiger Jahren den Versuch einer Entmythologisierung der Gnosis vorgelegt. Darin reduziert sich der umständliche, in unzähligen Variationen durchgespielte Mythos vom Fall der Seele und einem verabscheuungswürdigen Kosmos auf das abstrakte Schema der Verlorenheit und Einsamkeit des Menschen in einer Welt, die als pure, indifferente Dinghaftigkeit erfahren wird, als die radikale Negation der „schönen Ordnung", von der, wie wir sahen, Aristoteles sprechen konnte. H. Jonas hat geglaubt, daraus den Schluß ziehen zu dürfen, erst die Anverwandlung des gnostischen Mythos durch die spätantike kulturelle Gemengelage habe, fortwirkend bis in die Gegenwart des abendländischen Denkens hinein, jenen Entzauberungsprozeß von Welt und Natur eingeleitet, der sie zum Objekt technisch-naturwissenschaftlicher Verfügungsmacht habe werden lassen, – auch dies eine Spätfolge des Mythos und vielleicht der Beginn eines neuen, [noch] nicht durchschauten Mythos, des Mythos von der Machbarkeit der Dinge.[14]

Waren beispielsweise die Schöpfungsmythen und Urgeschichten an Göttern und überirdischen Mächten orientiert und ist in den Königsmythen und Inthronisationsritualen der einzelne Mensch, der König, ja nur insofern von Interesse, als er als „Sohn Gottes" das verbindende Glied in der Kette zwischen weltkonstituierenden Mächten und Welt darstellt, so ist der gnostische Mythos gleichsam ein *Mythos der Introspektive*. Ihm sind Götter und Dämonen, Kosmos und Pleroma [die „Seinsfülle"], das, was man die *objektive Welt des Mythos* nennen könnte, nur insofern von Interesse, als sie das Geschick des *Selbst* des Menschen durchspielen. Auch in der Verkleidung durch den Mythos ist das Selbst des Menschen die einzige Wirklichkeit, die den Gnostiker bewegt. Die Gnosis ist Mythos, nicht Philosophie oder Theologie; sie ist jedoch weder ein Göttermythos noch ein kosmogonisches Mythologem. Zwar nahm sie die Themen der vorgegebenen archaischen oder auch bereits zum Bildungsgut in der Antike herabgesunkenen Mythologien auf, aber unter veränderten Horizonten und in anderen Kontexten. Der gnostische Mythos ist die Wiederholung mythischer Erfahrungen auf einer völlig neuen Ebene des Bewußtseins. Er entzweit die geschlossene Welt der archaischen Mythologie und sprengt die Einheit des mythologischen Bewußtseins, das nunmehr endgültig *dualistisch* wird. Die Einheit wandert vom Anfang an das Ende der erzählten Geschichte; sie ist nicht fester Bestandteil, Hintergrundfolie all der Metamorphosen, denen Götter und Menschen unterworfen sind. Sie muß vielmehr am Ende durch den Menschen selbst hergestellt werden. Damit tritt der Mythos in den Dienst einer affirmativen Anthropologie, die sich gegen die biblischen wie gegen die philosophischen Tendenzen einer Auflösung bzw. Überwindung des Mythos richtet.

Die Unterschiede zwischen der Gnosis und der Philosophie, gerade auch zu den spätantiken unterschiedlichen Ausprägungen des Platonismus, lassen sich kurz so charakterisieren: Während die Philosophie in der Spätantike den Mythos auf dem Wege über seine Allegorisierung im Diskurs beheimaten wollte, konstruierte die Gnosis ein in wenige Worte faßbares dürres Schema von der Angst und der Einsamkeit des Menschen in einer ihm fremd gewordenen Welt. Bedingung der zur absoluten Forderung erhobenen Erfahrung des je eigenen Selbst war das Dogma von der Nutzlosigkeit und Verfallenheit des Kosmos. Der gnostische Mythos ist die Peripetie, wenn nicht die Karikatur der Ursprungsmythologien, wie sie den Übergang von der archaischen zur alteuropäischen Welt markieren. Gegenwärtig an diese Karikatur anknüpfen zu wollen, kann entsprechend nur heißen, bewußt hinter die

Einsicht in die Konstitutionsbedingungen wie in die Grenzen des Denkens zurückzufallen. Es ist kein Zufall, daß die Versuche einer Orientierung an den Synkretismen der Spätantike eine neue *Theorie der Gesamtwirklichkeit* erwarten, wie sie sich philosophisch und theologisch seit der Aufklärung als unmöglich herausgestellt hat. Diese Orientierung eignet sich den Mythos, auch im Sinne des veränderten mythischen Bewußtseins der Gnosis, nicht in spielerischer, befreiender, sondern in regressiver Weise an, in einer, wenn auch unfreiwilligen, Parodie dessen, was der Gnostiker mit Hilfe seiner Erzählung vom Fall der Seele und der Fremdheit in der Welt eigentlich überwinden wollte. Die vermeintliche Theorie der Gesamtwirklichkeit, auf die der Neognostiker so stolz ist, zwingt den Einzelnen gerade ausweglos in jene Zwänge und Wirklichkeiten, die ihn umgeben.

Schließlich bleibt noch an den Versuch zu erinnern, die Gnosis *palimpsetisch als Ortsbestimmung der Gegenwart* zu lesen und jene gnostischen Topoi im Gegenwartsdenken ausfindig zu machen, die eine zeitdiagnostische Prägnanz beinhalten. Ein solcher Topos ist beispielsweise Max Webers Bild vom „stählernen Gehäuse", eine gnostische Hieroglyphe, die in den verschiedenen Weisen des Auszugs aus diesem stählernen Gehäuse entziffert wird, ein anderer Ernst Blochs Motiv der „Heimat" am Schluß des „Prinzips Hoffnung". Vergessen seien auch die verborgenen Dualismen in den Selbst- und Weltverhältnissen der Moderne nicht.[15] In den letzten Jahren ist die Gnosis vor allem durch Diskussionen um eine bestimmte geistesgeschichtliche Verlaufsfigur in den Mittelpunkt des Interesses getreten. Für diese Verlaufsfigur hat man den Begriff des „gnostischen Rezidivs" geprägt. Während sich die Gnosis traditionell ausschließlich auf die Erleuchtung und Erlösung des Menschen bezog, also als Religiosität im Gewande der Wissenschaft bezeichnet werden darf, verwenden in der Gegenwart unterschiedliche und ihrem Selbstverständnis nach *wissenschaftliche* Disziplinen gnostische Schemata, um den gnostischen Mythos vom Fall, der Verblendung und dem Wiederaufstieg der Seele retrospektiv geschichtsphilosophisch zu instrumentalisieren. Vor allem H. Blumenberg und in seinem Gefolge O. Marquard haben den theologischen Rahmen der ursprünglichen Gnosis extrem ausgeweitet und mit politischen Konnotationen versehen. Dabei meint *gnostisch grundierte Politik* nichts anderes als den Einbruch der Weltfremdheit ins Politische. Im Hintergrund steht dabei die folgende, sicherlich auch folgenreiche Neudefinition der Gnosis als „der Positivierung der Weltfremdheit durch Negativierung der Welt"[16]. Plausibilität gewinnt diese Definition durch eine bestimmte Sicht der Neuzeit, die, Blumenberg folgend, in ihr den zweiten Versuch einer Überwindung der Gnosis wahrzunehmen glaubt. Die so verstandene Neuzeit ist das Zeitalter der Neutralisierungen, wobei der Nominalismus als zweite Gnosis dadurch überwunden wird, daß der weltfremde Gott der Nominalisten aus der Welt verdrängt wird – mit dem Resultat einer gottfremden Welt. Die „entgottete" Welt ist nunmehr selbst für ihr Schicksal verantwortlich, sie ist dazu verurteilt, ihre eigene Bonität ständig unter Beweis zu stellen: „Die Menschen müssen die Wirklichkeit – bewußt oder unbewußt – selber machen, weil Gott gut ist und angesichts der Übel, Antinomien, Antagonismen nur dadurch gut bleiben kann, daß es ihn nicht gibt."[17] Dieser „Deus emeritus" ist als Resultat der nominalistischen Omnipotenztheologie des späten Mittelalters die Negativfolie für das neuzeitlich angesagte Verfahren einer „Positivierung der Welt durch Negativierung der Weltfremdheit"[18], also gleichsam einer „Gnosis zweiten Grades". Die Probleme, die sich hier auftun, schlichtet die Neuzeit durch Neutralisierungen, unter anderem durch eine Systematik, die anstelle der Weltnegation der Weltbewahrung dient. So neutralisieren die Institutionen des Staates die Heilsfrage, und die Neuzeit insgesamt neutralisiert die Eschatologie, sofern sie zu einer Würdigung der Welt auch ohne hypothetisches Heilsende vorzudringen vermag. Erträgt der Mensch aber eine Welt ohne Heilsende, dann nobilitiert diese Haltung einen Schöpfergott, der im Sinne der klassischen Theodizeekonstruktionen nicht mehr rechtfertigungsbedürftig ist. Neutralisierung der Eschatologie und Verzicht auf Entlastung des Gottes vom Vorwurf der Verantwortlichkeit für das Negative, das Leiden und das Böse führen zur Einschränkung des Wirkens Gottes auf eben die Welt, die dem Gnostiker der Inbegriff allen Übels war, und die gerade als solche jene Jenseitshoffnungen nährte, für die Apokalyptik und Eschatologie stehen. Folglich lenkt die Verdrängung der Gnosis die Heilserwartungen auf die Welt, die, im gnostischen Paradigma negativ konnotiert, nunmehr zum einzigen Feld menschlicher Selbstverwirklichung geworden ist. Der in dieser Welt wirkende Einzelne rückt in Parallele zum Schöpfergott, dessen „bestmögliche aller Welten" zum Ansporn wird, auch seinerseits sein Bestes zu tun. Die vakante Stelle der Apokalyptik nimmt die Anthropologie ein, an die Stelle gnostisch inspirierter Verantwortungslosigkeit im Umgang mit der Welt tritt eine „desensationalisierte" Normalität, die das Außerordentliche, das für den Gnostiker das Selbstverständliche war, nicht nur in Randbereiche abdrängt, sondern die Eskapismen, die momenthaft diese Normalität in Frage stellen, ihrerseits anthropologisch rechtfertigt: Der bleibende Sensationsbedarf des Menschen erfährt seine Befriedigung in eben jenen institutionalisierten Bedürfnissen, auf die der säkularisierte Polytheismus reagiert. Nach der Zerschlagung aller Absolutismen gewährt er einerseits Entlastung, gefährdet aber gleichwohl die Zustimmung zur bürgerlichen Gesellschaft nicht. Ein möglicher erneuter Einbruch gnostischer Schemata müßte vor diesem Hintergrund befriedeter Weltzustimmung zumindest janusköpfig bleiben: Er wäre einerseits fundamentalistische Regression, andererseits kulturrevolutionäres, ins Leere laufendes Aufbegehren.

Der germanische Mythos

Das Beispiel aus der Welt der relativ jungen, erst gegen Ende des ersten Jahrtausends unserer Zeit aufgezeichneten germanischen mythologischen Vorstellungen, das hier zitiert werden soll, um wenigstens einen kurzen Einblick auch in diese Vorstellungswelt zu geben, vereint Motive, die wir aus den

Schöpfungs- und Ursprungsmythen und aus den altorientalischen Königsmythen kennen. Es handelt sich um das *Merkgedicht von Rig*. Rig, ein anderer Name für den Gott *Heimdall*, wird als der Schöpfer der einzelnen Stände der Menschen, also der gegebenen sozialen Ordnung insgesamt, eingeführt. Das Merkgedicht entspricht dem Schema der Götterzeugungen, an deren Ende der König steht. Er hat in der Welt der Menschen den Platz inne, der im Götterhimmel dem obersten der Götter gebührt.

Der Mythos, der umständlich erzählt wird, versteht sich als Antwort auf die Frage, warum es die drei Stände – Knechte, Bauern, Jarle – gibt. Dabei führt die Stabreimdichtung bis an jenen Punkt, an dem geschildert wird, wie sich aus dem Stand der Jarle (der Freien, Edlen, Fürsten) der König erhebt. Derjenige Sohn eines Edlen, der das Königtum begründet, nämlich *Konr ungo*, erhält mit seinem Namen zugleich auch die Bezeichnung des Ranges, den er einnimmt [„König"]; zudem ist „Rig", der Gottesname, auch noch das irische Wort für „*König*". Das Spiel mit den Namen identifiziert den irdischen, sichtbaren König mit dem der Götterwelt angehörenden unsichtbaren König.

Der „zeugende Gott" hat aber nicht nur den König hervorgebracht. Diese seine letzte Hervorbringung markiert gleichsam den Schlußpunkt des Schöpfungsgeschehens, indem sie den Blick von den kosmologischen Aspekten der bekannten Schöpfungsmythen auf die soziale Wirklichkeit lenkt, die dadurch legitimiert wird, daß sie als Teil der Schöpfung ausgewiesen wird. Um einen konkreten Eindruck von dieser Erzählung zu vermitteln, beschränke ich mich auf die Wiedergabe der Erschaffung/Zeugung des *Knechtes*:

> Einst ging, sagt man,
> grüne Wege
> ein kluger Ase,
> kräftig und alt,
> gewaltig und kühn,
> der Wanderer Rig.

Er traf eine Hütte,
die Tür war am Pfosten;
er trat auf die Diele:
drinnen war Feuer.
Ein Ehepaar saß,
ein altes am Herd,
Ahn und Edda,
im alten Käppchen.

Guten Rat
gab ihnen Rig;
bald stand er auf,
zu Bett zu gehn:
nunmehr lag er
inmitten des Betts,
ihm zur Seite
die Ehegatten.

Drauf war er dort
drei der Nächte;
nunmehr ging er
inmitten des Wegs.
Nunmehr verstrichen
der Monde neun.

Einen Buben gebar sie,
braun vom Schmutz;
sie netzten ihn
und nannten ihn Knecht.

Nachdem dieses Schema in bezug auf jeden einzelnen Stand variiert worden ist, heißt es am Schluß, auf Rig bezogen:

Kind war der ältste,
Knabe der andre,
Erbe, Erbwart,
Abkömmling, Page,

Sproß und Sprößling –
sie sprangen ins Wasser –
Sohn, Gesippe –
saßen beim Brettspiel –
Kind hieß einer,
König der jüngste.

Und dann:

Jung König aber
kannte Runen,
Hegerunen
und Heilrunen;
auch konnte er
Krieger schützen,
den Sturm stillen,
stumpfen das Schwert.

In Runen maß er
mit Rig Jarl sich,
bewährte List
und wußte mehr:
das Recht gewann
und erreichte er,
Rig zu heißen,
und Runenkunde.

Es wurde schon angedeutet, daß das vorliegende Gedicht mit
Sicherheit keine originale Volks- oder Heldensage, sondern
die Verarbeitung vorgefundener mündlicher Überlieferungen
darstellt, die ein geübter Philologe in ein kunstvoll kompo-
niertes Schema gefaßt hat. Daß dieses Schema vielfältige Charakteristika der germanischen Volkskultur anspricht, erhöht
seinen Reiz und die Suggestion archaisierender Originalität.
Zwar sind auch die altorientalischen Mythen in ihrer schriftli-
chen Fixierung gleichsam „gefiltert" und daher in mancherlei
Hinsicht „entmythisiert" auf uns gekommen, aber diese Fixie-

rungen gehören ebenso wie die griechischen Götter- und Hel-
denerzählungen Homers und Hesiods einer fremden, versun-
kenen, fern anmutenden Welt an, die als ganze das Stigma des
Mythischen zu tragen scheint. Der souverän mit vorgefunde-
nen Traditionen spielende Isländer, von dem uns vielleicht gerade tausend Jahre trennen, *reflektiert* bereits die Tatsache,
daß der Norden von jeher [das „Immer" des Mythos] den
Königstitel kannte, daß er also nicht, wie historisch wahrscheinlich, von den Franken übernommen wurde [*konungr*,
dt. *kuning*]. In Anbetracht dessen handelt es sich hier also
auch um einen *politischen* „Mythos", der so – blickt man auf
die Vorbilder im alten Orient – über ein zeitliches Kontinuum
von nahezu viertausend Jahren seine Wirksamkeit entfaltet
hat. Von den Königsmythen Altägyptens bis hin zu dem Hel-
dengedicht über den *Rig* reicht zeitlich zwar ein großer, inhaltlich aber nur ein kleiner Sprung.

Gottesvorstellungen im Mythos

Die Götter, von denen die Mythen erzählen, gehören wie die
Menschen der Erde an und sind gleich ihnen dem Tode unterworfen. Sie sind keine transzendenten Mächte, sondern
nach dem Bilde des Menschen geschaffen, der in den Göttern
sich selbst, ins Riesenhafte gesteigert, begegnet – dies in einem
ganz konkreten Sinne und nicht in der sublimen Weise, wie
sie etwa aus Feuerbachs Anthropomorphismuskritik spricht,
die freilich schon, als direkter Reflex auf den Mythos, von
dem Vorsokratiker Xenophanes formuliert worden ist.

Xenophanes wirft Homer und Hesiod vor, sie hätten die
Götter mit allem belastet, was bei den Menschen übelge-
nommen und getadelt würde, nämlich stehlen und ehebrechen
und einander betrügen. Die Äthiopier behaupteten, ihre Götter seien stumpfnasig und schwarz, die Thraker, sie seien
blauäugig und blond. Wenn nun aber die Rinder und Pferde
und Löwen Hände hätten und mit diesen Händen malen
könnten und Bildwerke schaffen wie die Menschen, dann
würden die Pferde die Götter abbilden und malen in der Ge-

stalt von Pferden, die Rinder in der von Rindern; sie würden Statuen meißeln, die ihrer eigenen Körpergestalt entsprechen. Positiv formuliert Xenophanes die Abkehr vom Mythos daher so:

> „Ein einziger Gott ist unter Göttern und Menschen der Größte, weder dem Körper noch der Einsicht nach den sterblichen Menschen gleich. Als ganzer sieht er, als ganzer versteht er, als ganzer hört er."

Erst auf dem Hintergrund der von Xenophanes kritisierten Vorstellungen läßt sich das, was im mythischen Welt- und Selbstverständnis fraglos unterstellt wird, überhaupt denken, daß nämlich der Mensch mit den Göttern Verbindung aufnehmen und sie in seine Geschäfte hineinziehen kann.

Die Welt der Götter und die Welt der Menschen existieren nebeneinander, ja überwiegend sogar ineinander. Daher kann ein als selbstverständlich vorausgesetzter *Analogiezusammenhang* jederzeit die Verbindung beider Welten ermöglichen. Diese Kohärenz ist Ausdruck der Sehnsucht, der Kosmos beruhe nicht auf Willkür und Zufall. Der Mythos ist deshalb auch der *Protest* gegen die *Kontingenz* der Welt, Ausdruck des existentiellen Bedürfnisses, das jeweils erfahrene Negative konkret benennbaren Ursachen zuzuordnen. Der Mensch macht in gewisser Weise seine eigenen ethischen Anschauungen zu dem Maßstab, an dem sich auch die Götter und ihre Taten messen lassen müssen. Andererseits kann die Erfahrung, daß die Götter in vielen Fällen den Ansprüchen, Erwartungen und Hoffnungen der Menschen nicht oder nicht mehr genügen, den Mythos als ganzen in Frage stellen. Fällt die andere Variante dieser Defizienzerfahrung aus, nämlich die, daß der Mensch in ständigem Schrecken vor der Willkür der Götter lebt, der Mythos also *terroristisch* wird, dann treten rationalere Weisen der Identitätssicherung auf den Plan.

Wie die Götter, so sind in der Welt des Mythos auch die *Toten* im alltäglichen Leben der Menschen gegenwärtig. Mit dem Tode scheidet der Einzelne nicht aus der menschlichen Gemeinschaft aus; er wird eher mächtiger und ehrwürdiger.

Die Toten leben von den Spenden und Attributen der Lebenden und kehren an besonderen Tagen, etwa wenn sich die Erde lockert und neues Leben hervorbringt, wieder, um feierlich empfangen zu werden. Auch diese Vorstellungen sind in den Erzählungen über die Götter unmittelbar vorgebildet. Tod, Bestattung und Auferstehung der Gottheit sind, wie der sumerische *Dumuzi*-Glaube und die ägyptischen Mythen um *Isis* und *Osiris* zeigen, feststehende Topoi. Deshalb transzendieren die Mythen, die dergleichen Begebenheiten aus der Welt der Götter erzählen, in ihrer allgemeinen Bedeutung die individuellen Ereignisse und nehmen den Einzelnen in den erzählten Zusammenhang wie in eine *allgemeine Wahrheit* mit hinein. Diese *Wahrheit* läßt sich gerade nicht begrifflich darstellen oder gar fixieren: Allem in unserem Verständnis Individuellen, den Gestalten der Götter, ihren Attributen und Symbolen, den Taten, die ihnen zugeschrieben werden, eignet ein über sie hinausweisendes allgemeines Moment.

Der Mythos ist nicht das schlechthin Irrationale, sondern verweist auf eine ihm eigene *Rationalität*. Sie äußert sich unter anderem als Prozeß der *Gott[er]findung*, an dessen Ende der transzendente Gott der monotheistischen Hochreligionen steht, deren schriftliche Urkunden, wie wir noch sehen werden, den Mythos auf einer bestimmten Stufe seiner Entwicklung dokumentieren. Die einzelnen Stufen auf dem Wege zu diesem Gott werden überwiegend von einer *soziomorphen* Weltauffassung bestimmt, der Projektion gesellschaftlicher Ordnungen auf die Welt der Götter, die durch *technomorphe* Gesichtspunkte ergänzt wird: Die Götter erscheinen bei zunehmender Transzendenz als vorherwissende, vorausschauende und die Angelegenheiten der Menschen regelnde Mächte, deren Tun sich parallel zum Tun der Menschen interpretieren läßt. Schließlich sorgt das *mythische Paradigma* dafür, daß die Gottheit für den Menschen immer noch prinzipiell einholbar und den Bedingungen menschlicher Existenz unterworfen bleibt.

Ein konkretes Beispiel für dieses mythische Paradigma sind die *Götterbefragungen*, aus denen die späteren theodizeeanalogen Deutungen des Leidens und des Bösen hervorgegangen sind, etwa das mesopotamische *Ludlul bel nemeqi.* Der Held dieser Erzählung bezweifelt die Gerechtigkeit der Götter. Er führt gegen sie die Erfahrung ins Feld, daß ein rechtschaffenes Handeln der Menschen keine Gewähr dafür biete, vom Übel verschont zu bleiben. Den Verbrechen der Gottlosen werde der gleiche Lohn zuteil wie den Gerechten; das Rechttun bringe keinen Vorteil. Eine solche Klage – biblisch begegnet sie im Buche *Hiob* – hat eine bestimmte, im Mythos wurzeln-de Voraussetzung: die Überzeugung, daß die Kosmosordnung identisch ist mit einer für die Menschen wie für die Götter verbindlichen Rechtsordnung. Wo die Kosmosordnung als Rechtsordnung verstanden wird, müssen – ähnlich wie jenen, die die Satzungen der Menschen befolgen, Glück und Wohl-fahrt zugesichert wird – auch die Götter die ihnen obliegende Pflicht der Sorge für die Menschen erfüllen und für das Glück und das Wohlergehen derer sorgen, die diese universale Rechtsordnung achten. Das Konfliktpotential, das in dieser Zuordnung liegt, entschärft der Mythos dadurch, daß er das dem Augenschein Widersprechende auf das in seiner Be-schränktheit und Endlichkeit gründende Unvermögen des Menschen zurückführt, die Vorsorge der Götter richtig zu er-kennen und wahrzunehmen. Aber auch dieser Versuch einer Entschärfung der *mythischen Zuspitzung* ist ambivalent: Wo sich die Auffassung durchzusetzen beginnt, menschliche Maß-stäbe könnten den Göttern nicht genügen, werden die Rah-menbedingungen des Mythos schließlich überhaupt in Frage gestellt. Die Annahme schwindet, mit den Göttern ließe sich von gleich zu gleich verkehren oder der Mensch könne gar Rechtsansprüche gegenüber den Göttern anmelden. An die Stelle der mythischen Schemata tritt das Bewußtsein von der Transzendenz der Gottheit und von einer göttlichen, *jenseiti-gen* und *unzugänglichen* Welt.

Mythen über Ursprung und Macht des Bösen

Mythen reden von einem *Einst*, meinen aber ein *Jetzt*. So läßt der altägyptische Mythos auch mit jedem neuen Sonnenaufgang die Weltschöpfung neu miterleben; mit jeder neu hereinbrechenden Nacht läßt er das Vergehen der Welt fürchten. Zu Recht spricht man deshalb von einem *magischen Moment* in der narrativen Vergegenwärtigung der anfänglichen, für Welt und Mensch konstitutiven Geschehnisse. Die auf dem Wege über die Erzählung beziehungsweise die Rezitation jederzeit mögliche Vergegenwärtigung dieser Ereignisse ist auch eine *Beschwörung*: Die lebenserhaltende und identitätssichernde Gegenwart der göttlichen Mächte, durch welche die Gewalt des Dämonischen gebannt wird, kann auf diese Weise jederzeit wirksam eingesetzt werden.

Die Überzeugung, daß sich aufgrund ihrer Benennbarkeit die zerstörerischen wie die ordnungsstiftenden Mächte durch das magische Wort beeinflussen lassen, zeigt auch die Bedeutung des Mythos für die Bewältigung des Leidens und des Bösen. Die konkrete Ausgestaltung dieser Überzeugung ist variantenreich. So gewähren die litaneiartigen Texte aus der nachsumerischen Zeit einen guten Einblick in die Formen früher Kontingenzbewältigung. In diesen Texten werden Eigenarten, Gewohnheiten und Verhalten der Götter und Dämonen nahezu vollständig erfaßt und in den Dienst einer beschwörenden Vergegenwärtigung des Himmels und der Erde gestellt, um ihre dem Chaos wehrende Macht gegen die jeweils bis ins einzelne beschriebenen Übel aufzubieten, Übel [Kriege und Naturkatastrophen], die man sich als von Dämonen verursacht vorstellte.

Es ist kein Zufall, daß die Erzählung von einem Sündenfall, der Mythos von der die Stammeltern verführenden Schlange, ein wichtiger Bestandteil der biblischen Schöpfungsgeschichte ist. Gleichzeitig ist diese Erzählung, die in so typischer Weise alle Züge des Mythos in sich vereint, selber schon ein Stück Entmythologisierung. In den babylonischen Schöpfungsmythen kommt der Urschlange *Tiamat* oder *Tehom* eine geradezu weltermöglichende Bedeutung zu, sofern aus ihrem Leib der Weltenschöpfer Himmel und Erde fügt. Diese Urschlange verhöhnt der biblische Schöpfungsbericht schon gleich zu Beginn, wenn er das Chaos, das im Schöpfungsakt überwunden wird, *Tohuwabohu* nennt; schon in der Wortwahl ist unschwer die Karikatur dieser für den babylonischen Mythos so wichtigen Figur zu erkennen. Sie wird in der Erzählung von dem *Sündenfall* nun noch zusätzlich dämonisiert (vgl. Gen 3). Die Schlange, „schlauer als alle Tiere der Erde", wird „verflucht unter allem Vieh und allen Tieren des Feldes" (Gen 3,1 und 3,14). Auch hinsichtlich der Rezeptionsgeschichte, in den rationalisierenden Anverwandlungen des Mythos wie in seiner dogmatischen Verarbeitung im *Dogma von einer Erbsünde*, das in dieser Form Augustinus geschaffen hat, ganz zu schweigen von der philosophischen Inversion dieses Mythos im Deutschen Idealismus, etwa bei F. Schiller, war die Sündenfallerzählung folgenreich wie keine andere. Sie ist der Mythos von der *Fehlbarkeit des Menschen*.

Folgenreich wird die Geschichte von den Stammeltern, die im Paradies das Gebot Gottes übertreten haben, dadurch, daß sie sich in der Spätantike mit der anthropologischen Vorstellung von einem sogenannten *Gattungsmenschen* verbindet, der alle jemals zur Existenz kommenden Menschen virtuell in sich enthält, sowie mit dem Sühne- und Genugtuungsgedanken und der Adam-Christus-Typologie; letztere im Sinne eines Vergleichs zwischen Christus, dem neuen und vollkommenen Menschen, dem *zweiten* Adam und Initiator des Heils, und dem *ersten* Adam, dem Urheber des Verderbens. Durch seine Übertretung des göttlichen Verbotes, so der Mythos, ist der Tod in die Welt gekommen. Die Sünde Adams ist spätestens seit der Interpretation Augustins eine jeden einzelnen Menschen betreffende persönliche Schuld, juristisch *und* biologisch als todeswürdiges Verbrechen und als mit dem Faktum der Geburt ererbte Last verstanden. Wie Augustinus in seiner Schrift *Ad Simplicianum* (I, 2, 16) ausführt, bilden alle Menschen eine Art Sündenmasse, die vor der göttlichen und höchsten Gerechtigkeit als Sühneschuld steht. Gott kann diese

Schuld einfordern oder erlassen, ohne dadurch ungerecht zu werden. Es wäre eine Anmaßung der Schuldner, zu entscheiden, von wem die Einlösung der Schuld zu fordern und wem sie zu erlassen ist: Die Auserwählung geschieht aus Gnade, das Verderben gründet im Recht. Die systematische Aussage des Mythos lautet: Das eigene Handeln des Menschen, *außerhalb* seiner zeitlich-irdischen Existenz vollzogen, macht ihn zum Schuldner. Das Schuldner-Sein gründet im Tod als Verdienst der Sünde und in der den Menschen in seiner biologischen und psychischen Existenz bestimmenden „bösen Begierde". Dabei denkt Augustinus vor allem an die menschliche *Sexualität*. Damit greift eine fatale Entwicklung in der abendländischen Religionsgeschichte Platz, mit der auch der moderne Mensch, sofern er noch nicht gänzlich säkularisiert ist, ebenso seine Probleme haben dürfte wie mit einem anderen Erbe der jüdisch-christlichen Überlieferung, dem *Teufels-Mythos*. In den Satanskulten der Gegenwart ist er beängstigende Realität.

Für die Ausprägung der Teufelsgestalt hat besonders das frühe Christentum nachhaltig die Weichen gestellt, und zwar über eine Instrumentalisierung des Teufels, die, wie das folgende Zitat von Origenes zeigt, bis in die Anfänge der Heilsgeschichte zurückgetrieben wird:

„Unerprobte Tugend ist keine Tugend. Josef diene als Beispiel. Nimm weg die Bosheit seiner Brüder, den Neid, die ganze vatermörderische Lügengeschichte, mit der sie ihn verkauften, nimm all das weg und sieh, wie sehr du Gottes Heilsordnung umstürzest! Mit einem Schlag scheidest du alles aus, was in Ägypten von Josef zum Heile aller gewirkt wurde. Niemand hätte verstanden, was Gott dem Pharao geoffenbart, niemand hätte Getreide gesammelt, Ägypten und die Umgebung wäre vor Hunger zugrunde gegangen. [...] Niemand wäre trockenen Fußes durch das Rote Meer gewandelt [...] und auch das Gesetz wäre den Menschen nicht von Gott gegeben worden. [...] Oder nimm vom Teufel an, er wäre am Sündigen gehindert worden oder es wäre ihm nach der Sünde der Wille zum Sündigen weggenommen worden, mit einem Schlag wäre auch uns der Kampf gegen die Listen des Teufels genommen und wir könnten nicht die Krone dessen erwarten, der ordnungsgemäß gekämpft hat."[19]

Viele ähnliche Lösungsversuche durchzieht der Widerspruch, auf keinen Fall einen Dualismus zulassen, ohne doch das Böse nicht anders denn als festumrissene eigenständige Wirklichkeit fassen zu können. So schreibt der Mönch und Theologe Symeon im 4. Jahrhundert:

„Niemand lehrt öffentlich böse Taten und wird ihr Herold, sondern alle preisen die guten Taten – und siehe, wir sehen, wie das Böse zunimmt, vollbracht wird und in der Welt herrscht."[20]

Dieser Widerspruch ist das „Einfallstor" der Dämonen, wie Maximus Confessor zur gleichen Zeit ausführte:

„Die Dämonen haben aus fünf Gründen von Gott die Erlaubnis erhalten, uns anzugreifen. Erstens, damit wir in Angriff und Gegenangriff lernen, zwischen Tugend und Laster zu unterscheiden. Zweitens, damit die Tugend, errungen in Kampf und Mühsal, gefestigt und unverrückbar wird. Drittens, damit wir uns in der Tugend nicht überheben, sondern demütig bleiben. Viertens, damit wir, nachdem wir in der Versuchung das Laster kennengelernt haben, es noch mehr hassen und verabscheuen und fünftens und vor allem, damit wir, haben wir so die innere Freiheit erlangt, niemals unsere eigenen Schwächen vergessen und immer an die Kraft dessen denken, der uns geholfen hat."[21]

Daß auch gegenwärtig Theologen in einer vergleichbaren Weise an den Mythos anknüpfen, soll das folgende Beispiel zeigen. 1976 sagte der damalige Regensburger Bischof R. Graber in einer Predigt:

„Wenn es *den* Bösen nicht gibt, dann steckt das Böse ganz im Menschen. Dann ist der Mensch allein verantwortlich für die abgrundtiefe Schlechtigkeit, Bosheit, Gemeinheit und Grausamkeit. Dann ist er allein schuldig an den Morden im Archipel Gulag und an den Gaskammern von Auschwitz, an den unmenschlichen Folterungen und Qualen. Dann aber entsteht die Frage: Kann Gott den Menschen als ein solches Scheusal erschaffen haben? Nein, das kann Gott nicht, denn er ist Güte und Liebe. Wenn es keinen Teufel gibt, dann gibt es auch keinen Gott."[22]

Die kirchliche Lehre über den Teufel, die „offizielle Satanologie", die von abergläubischen Auswüchsen bis hin zum Hexenwahn zu unterscheiden ist, achtet die Grenzziehung zwischen dem Bösen als einem Neutrum und dem Bösen als einer dann näher bezeichneten bzw. zu identifizierenden Person und überträgt das aus der Theodizee bekannte Motiv eines im freien Willen bzw. in seinem Mißbrauch gründenden Erbübels mutatis mutandis auf die Dämonen. Daher darf man hier wie dort von einer Rationalisierung des Mythos sprechen, die sich den letzten Schritt bis hin zur Bezeichnung des Bösen als eines selbständigen negativen Prinzips, d.h. den Schritt zum Dualismus, versagt. Sie beantwortet aber nicht die eigentliche Theodizeefrage, nämlich die Frage, daß ein Gott, der alles kann, aber nichts tut, angesichts von unendlich viel Leid in der Welt wenig glaubwürdig ist.

Die Dämonologie, die nicht Theodizee[23] sein kann oder will, führt die Dämonen darauf zurück, daß sich die Engel in dem Willen, Gott zu gleichen, der Sünde des Hochmuts und des Neides schuldig machten, also nicht von Natur aus [wesensmäßig] böse sind, sondern in der Ausübung ihres freien Willens erst böse wurden. Weiter geschieht der Fall des Teufels nicht gleichzeitig mit seiner Erschaffung; andernfalls wäre ja Gott der Urheber des Bösen. Folglich gibt es einen zeitlichen Abstand zwischen der Schöpfung und dem Fall der Dämonen. Ursprünglich war der Teufel der höchste unter den Engeln; seine Sünde war in gewisser Weise Ursache für die

Sünde der anderen Engel, die unter Verführung, nicht jedoch unter Zwang sündigten. Der Geist dieser Dämonen ist verdunkelt; sie ermangeln des Wissens der letzten Wahrheit, besitzen jedoch das „natürliche Wissen". Wie die guten Engel zum Guten bestimmt sind, so ist der Wille der bösen Engel auf das Böse gerichtet. Die Dämonen erleiden Qualen, die jedoch nicht wesentlicher Natur sind; zudem haben sie zwei Aufenthaltsorte: die *Hölle*, in der sie die Verdammten quälen, und die *Luft*, von der her sie die Menschen zum Bösen antreiben.

Daneben nahm man in Analogie zur himmlischen Hierarchie, die ihrerseits Vorbild der kirchlichen Hierarchie war, „Teufelshierarchien" an, die sich mit der Gestalt, den äußeren Aspekten, den Namen und den spezifischen Aktivitäten der Dämonen beschäftigten; ihre Veröffentlichung hatte vor allem das Ziel, das satanische Monopol dadurch zu zerstören, daß sie das Geheimnis durchbrach. Mit der Ausformulierung solcher Hierarchien im 14. und 15. Jahrhundert war, wie di Nola schreibt,

> „der Prozeß der Ausgestaltung des Dämonischen abgeschlossen. Das ursprünglich *eine* Bild vom Bösen ist in eine ungeheure Menge von sichtbaren und greifbaren Darstellungen zersplittert, zu einer klaren Hierarchie geordnet, die ihre Entsprechung nicht nur bei den Engeln, sondern auch im Adel findet. Greifbar und ausgeformt bis ins Detail präsentieren die Dämonen sich nun farbig, erotisch, tier- oder mehrgestaltig, und alle versprechen sie dem, der sich auf sie einläßt, den Erwerb übernatürlicher und außergewöhnlicher Kräfte."[24]

Sie geben den Stoff vor, aus dem im ausgehenden 20. Jahrhundert Horrorfilme und vergleichbare Szenarien des subkulturellen Satanismus konstruiert werden.

Es ist eine andere Frage, inwieweit diese ausformulierte Satanologie ihrerseits den biblischen Texten entspricht oder gar den Maßstäben der gegenwärtigen exegetischen Forschung gerecht wird. Der Vielfalt der Erscheinungsweisen des Teufels bzw. des Satans in den alt- und neutestamentlichen Texten kann in unserem Zusammenhang auch nicht annäherungsweise nachgegangen werden. Einige Beispiele seien wenigstens genannt:

- „Der Drache, der Teufel und Satan heißt" (vor allem in der Johannes-Apokalypse).
- „Satan als Schlingenleger" (Pastoralbriefe, die diese Vorstellung mit der anderen verbinden, nach der Menschen dem Satan zur Züchtigung übergeben werden können [1 Tim 1,20; vgl. 1 Kor 5,5]).
- „Satan als Antichrist". Der Teufel wird offen zum Gegenspieler Christi erklärt; „Welt" und Machtsphäre Satans werden in eins gesetzt (1 Joh 5,19). 2 Thess 2,9 bezeichnet den Satan nicht nur als Widersacher des Menschen, sondern als „Gesetzlosen", Antichristen und Repräsentanten des Bösen schlechthin, der mit Machttaten, Zeichen und Wundern auftreten wird.
- Das bei Synoptikern ausgeprägte Bild von „Satan als dem Versucher".
- Weitere Motive: „Satan kommt und nimmt das Wort weg" (Mk 4,13–20); Jesus als „Exorzist" (wobei zu beachten ist, daß Jesus nicht den Satan bzw. den Teufel austreibt, sondern Dämonen bzw. böse Geister); Jesus versteht bisweilen seine Heilungen als Kampf gegen das Böse (Lk 10; Lk 13).

Für das Neue Testament gilt wohl,

„daß weder das ethisch Böse noch das materiell Böse, das Unheil, auf Satan zurückgeführt wird. Wenn dieser mit dem Bösen in Zusammenhang steht, dann nur in dem theologischen Sinn, daß alles, was Gott und seinem Willen in irgendeiner Weise zuwiderläuft, böse ist. Aber weder läßt sich aus den recht unterschiedlichen Aussagen des Neuen Testaments so etwas wie eine *Theorie des Bösen* [Hervorhebung von mir] erheben, noch steht Satan in einem ursächlichen Zusammenhang mit dem Bösen und allen seinen Dimensionen."[25]

Diese entmythologisierende Interpretation, Ergebnis einer bestimmten, hier nicht näher zu erörternden Theologie, leitet zu der grundsätzlichen Frage über, wie mit jenen destruktiven Bildern und Motiven aus der Welt des Mythos umgegangen werden soll, aus denen offensichtlich eine Faszinationskraft spricht, die jener der in unser kulturelles Selbstverständnis eingegangenen Mythen und ihnen analogen Überlieferungen weit überlegen scheint. Der „Teufel" ist durchaus gegenwärtig. Er spukt zwar weder in seinem klassischen Ambiente (Feuer, Dunkel, Hölle, Hitze, Seele des Menschen etc.) noch in der Evolution herum, aber er treibt sein Unwesen nach wie vor in mehr oder weniger kanonischen Texten und in deren hermeneutischen Anverwandlungen und Entgegnungen. Im Sinne eines möglichen aufgeklärten Umgangs mit der Figur des Teufels möchte ich auf den folgenden Gedanken H. Blumenbergs verweisen, ohne damit die anstehenden Fragen als abschließend beantwortet oder gar gelöst zu betrachten. In seinem Versuch, die Frage zu beantworten, ob der Teufel erlöst werden solle, schreibt er:

„Wir nehmen vieles ernst, wovon wir nicht genau wissen, ob es existiert, nur fällt es uns leichter, wenn es sich um schöne Abstrakta handelt, die man meistens benötigt, um ihnen irgendeine Schuld zuzuschieben. Da jedoch kann der Teufel konkurrieren. Und eines ist sicher: Jede Minderung an seiner Wirklichkeit als des Versuchers, Verführers, Verwirrers, mindert im selben Maß den Bedarf an allem, was in Theologien mit dem Anspruch auf Dringlichkeit angeboten wird. Denn ohne vom Unheil ereilt zu sein, erwartet man nicht „das Heil", weiß nicht einmal, was eine „gute Nachricht" von ihm bedeuten könnte."[26]

Die Gegenwärtigkeit des Teufels im überlieferten Textgeschehen steht noch *vor* der Frage nach seiner Existenz für die Notwendigkeit einer konsistenten Erklärung dessen, was heilsökonomisch „der Fall ist": Er veranschaulicht die fundamentale Realität des Bösen, die theologisch gesteigert wird zur These von der letztendlichen Erfolglosigkeit des Bösen. Weil man sich jedoch anschaulichere, plakativere Antworten wünscht, wird der Teufel die Philosophen und Theologen noch eine Weile beschäftigen. Dabei wäre die Warnung zu beherzigen, die Fritz Zorn gegen Ende seines autobiographischen Romans *Mars* in Anspielung auf die Hitze, Element der Hölle und des Teufels, ausgesprochen hat, auch dies nicht zufällig eine literarische Anverwandlung des Mythos. Dort heißt es:

> „Ich betrachte die Hölle nur als eine Zwischenstation – wenn auch als eine notwendige Zwischenstation –, in der man nicht ewig verbleiben sollte, denn wenn man zu lange in ihrer Hitze verweilt, dann erweist sie sich als *allzu* heiß. Ein allzu langes Verweilen beim Satan würde auch dessen innerster Natur widersprechen, denn er ist ja eben der „Widersacher" und als solcher *wider* die Sache. Sollte eine solche Sache aber einmal erledigt sein, so schwindet damit auch die Notwendigkeit eines Widersachers dahin, und der Teufel würde, wenn er die Erledigung Gottes überlebte, somit selber zum Beelzebub. Aber für mich ist diese Sache noch nicht erledigt, und so lange sie noch nicht erledigt ist, ist der Teufel noch los."[27]

IV. Psychoanalyse und Mythos –
Das Beispiel C. G. Jung

Ein weiterer Mythos des Bösen, das biblische *Hiobbuch,* das bekanntlich dem Teufel die Macht gibt, Hiob auf die Probe zu stellen und seine Leidensfähigkeit und Ergebenheit gegenüber Gott in Zweifel zu ziehen, begegnet uns ebenfalls auf vielfältige Weise nicht nur in theologischen und philosophischen, sondern auch in literarischen Anverwandlungen. In der Auseinandersetzung mit der Frage der *Theodizee,* der Möglichkeit einer rationalen Entlastung Gottes von dem Vorwurf, für das Übel, das Leiden und das Böse verantwortlich zu sein, stellt das biblische *Hiobbuch* einen Schlüsseltext bereit. Für Kant ist es das Beispiel einer authentischen Theodizee, die er von der doktrinalen oder vernünftelnden Theodizee unterscheidet. Sie ist Ausdruck des machthabenden Willens des Gesetzgebers, d. h. Gottes selbst. Im *Buche Hiob* ist es Gott selbst, der sich in den sogenannten „Gottesreden" gegenüber dem vom Menschen erhobenen Vorwurf rechtfertigt, für die Übel in der Welt verantwortlich zu sein. Dieser Text, der von Kant gerade nicht als Mythos verstanden wird, wird von C. G. Jung einer konsequenten mythologischen Deutung unterzogen, die sich aus seiner Sicht des Mythos auch einleuchtend nahelegt. Entscheidend ist in der Lesart Jungs vor allem das Verstummen Hiobs am Ende des Buches; Hiob sieht sich einem Gott gegenüber, „der sich um kein moralisches Urteil kümmert und keine verbindliche Ethik anerkennt".[28] Daraus folgt, „daß Gott sich in einem Widerspruch mit sich selber befindet und [...] daß er [sc. Hiob] gewiß ist, in Gott einen Helfer und Anwalt gegen Gott zu finden". Freilich muß der Appell an Gott *gegen* Gott im Mythos ohne Antwort bleiben. Aber dieser „imaginäre Zweikampf" bezeichnet den „in der bisherigen Weltgeschichte unerhörten Fall, daß ein Sterblicher durch sein moralisches Verhalten, ohne es zu wissen und zu wollen, bis über die Sterne erhoben wird, von wo aus er sogar die Rückseite Jahwes, die abgründige Welt der „Schalen" (i.e. das Unerhörte und Unerschaute des Wesens Gottes) erblicken kann". Hiob ist moralischer als der Gott, von dem er Rechenschaft fordert. Es bricht ein Zwiespalt auf, der nach Jung nur aufgelöst werden kann, wenn man die Geschichte Hiobs als ein Moment in der (psychologischen) Geschichte Gottes mit den Menschen begreift: Die Amoralität Jahwes läßt sich nur überwinden, wenn seine „Vernunft", die die des Menschen ist, hinreicht, das Gespräch mit der Vernunft des Menschen, seinen berechtigten Einwänden gegen einen Gott, der gar nicht Gott ist, aufzunehmen. Hiob, so die Quintessenz des Mythos, ist der erste, der die Menschwerdung [im Sinne von „Versittlichung"] Gottes provoziert.[29]

„Mythus" und Märchen, Geheimlehre und Religion, dies alles zusammengefaßt unter dem Begriffspaar „Träume und Visionen", kann Jung in einem Atemzuge nennen und zur Verdeutlichung dessen heranziehen, was bei ihm *Archetypus* heißt. So kann er darüber klagen, die bisherige Erforschung des Mythos habe übersehen, „daß die Mythen aber in erster Linie psychische Manifestationen sind, welche das Wesen der Seele darstellen"[30], unbeschadet dessen, daß sie auf äußeren Beobachtungen beruhen. Einerseits, unsere Darstellung hat bereits mehrfach darauf abgehoben, haben die Menschen der archaischen Gesellschaften Naturvorgänge wie Mondphasen, das Sonnenjahr, Regenzeiten, die Abfolge von Sommer und Winter mythisiert, als objektive Erfahrungen *erzählt,* d.h. narrativ strukturiert. In ihrer Aneignung werden sie zu „symbolischen Ausdrücken für das innere und unbewußte Drama der Seele".[31] Selbstverständlich bedeutet diese Aneignung zugleich eine Richtungsänderung; das eigene innere Leben des Menschen, das Psychische, wird in den mythisierten Naturereignissen (und in den von ihnen abgeleiteten bzw. auf ihnen aufbauenden Götterwelten) gespiegelt und damit dem menschlichen Bewußtsein faßbar. Jung kann sogar sagen, diese „Projektion" sei „dermaßen gründlich, daß es einiger Jahrtausende Kultur bedurfte, um sie auch nur einigermaßen vom äußeren Objekte abzutrennen".[32]

Solche Projektionen, die als kollektive Archetypen unser

Unbewußtes vielfältig prägen, liegen gleichsam als mythologisches Vergleichsmaterial in der Religionsgeschichte bereit. So herrschen, um nur ein Beispiel zu nennen, enge Beziehungen zwischen der individuellen Traumsymbolik und gnostischen mythischen Vorstellungen (Bilder von der Erlösung, von einem heiligen Geiste, die Parallelisierung von Mikro- und Makrokosmos), der christlichen Bilderwelt wie der mittelalterlichen Alchemie. Generell soll damit gezeigt werden, daß „das Mythologem die ureigentliche Sprache [der] psychischen Vorgänge" ist, „und keine intellektuelle Formulierung kann auch nur annähernd die Fülle und Ausdruckskraft des mythischen Bildes erreichen. Es handelt sich um Urbilder, die darum am besten und treffendsten durch eine bildhafte Sprache wiedergegeben werden."[33] Jung setzt den Archetypus unter anderem in Parallele zu der platonischen Idee (eidos) sowie gewissen mystischen Bildformen, wie sie sich vor allem in der neuplatonisch-christlichen Tradition seit Pseudo-Dionysius finden. Generell handelt es sich dabei um allgemeine, seit altersher vorhandene, gleichbleibende Bilder, um einen gewissen identischen Bildfundus, der bei allen Menschen sich selbst identisch bleibt und für jeden einzelnen eine allgemeine seelische Grundlage überpersönlicher Natur bereithält. Sofern diese Bilder „bewußtseinsfähig" sind, können sie nachgewiesen und zur Verdeutlichung und Sichtbarmachung des Unbewußten herangezogen werden, das von sich und von seinem Begriff her ja eigentlich gar nicht bewußtseinsfähig ist. Jung kann definieren: „Die Inhalte des kollektiven Unbewußten [...] sind die sogenannten Archetypen."[34] Die Symbolik, die aus ihnen spricht, ist daher auch nicht die einer bestimmten Religion, etwa des Christentums, sondern Sprache von Sinnproduktion überhaupt, deren Ergebnisse sich dann individuell [und natürlich auch historisch] differenzieren. In den Religionen werden sie primär soteriologisch, im Blick auf ihre „Heilsbedeutung" also,[35] verarbeitet, während sie im individuellen Traumgeschehen – noch vor möglichen Ordnungsschemata, wie sie etwa die Psychoanalyse bereitstellt – jenen festen Grund artikulieren, auf dem das Unbewußte stehen kann.

Daraus folgen weitere wichtige Unterscheidungen. So ist für den Psychologen klar, daß es sich bei dem persönlichen Unbewußten nur um eine obere Schicht handelt, die auf einem ganz anders gearteten Fundament ruht. Jung nennt es das kollektive Unbewußte. Während das persönliche Unbewußte, natürlich in Relation zu den tieferen Schichten und sie individuell verarbeitend, die Bilder nach rein persönlichen Inhalten ‚sortiert‘, sind die Bilder des tieferen Unbewußten von „ausgesprochen mythologischem Charakter". Jung fährt fort: „Das will besagen, daß sie nach Form und Inhalt mit jenen allverbreiteten Urvorstellungen, wie sie den Mythen zugrunde liegen, übereinstimmen. Sie sind nicht mehr persönlicher, sondern rein überpersönlicher Natur und darum allen Menschen gemeinsam. Darum lassen sie sich auch in allen Mythen und Märchen aller Völker und Zeiten und ebenso bei einzelnen Individuen nachweisen, ohne daß diese die geringste bewußte Kenntnis der Mythologie hätten."[36]

An der gegenseitigen Bezüglichkeit von Archetypos und Mythos, wobei auch hier wiederum das Märchen und die Folklore zu nennen wären, hält Jung auch aus methodologischen Gründen fest. Der Individualismus der Träume stellt viel zu hohe Anforderungen an die Darstellung und beansprucht einen Raum, der unübersichtlicher ist als jener, der den Konfrontationen und Wirrnissen individueller psychischer Konstellationen enthoben ist. Hier lassen sich jene Variationen des archetypischen Bildmaterials in Mythen und Märchen ohne Rücksicht auf mehr oder weniger einmalige individuelle Bedingungen vornehmen. Entsprechend heißt es: „In Mythen und Märchen wie im Traum sagt die Seele über sich selbst aus, und die Archetypen offenbaren sich in ihrem natürlichen Zusammenhang, als ‚Gestaltung, Umgestaltung, des ewigen Sinnes ewige Unterhaltung‘."[37] Der Mythos, und um diesen Aspekt aufzuzeigen ging es hier, ist also weder etwas Abgelebtes und endgültig Vergangenes noch ein bloßes Wirklichkeitssurrogat, das die Defizite rationaler Welterklärung lediglich kompensiert, sondern jenes Vehikel, über das dem Menschen die Auseinandersetzung mit den Bildern seiner Seele gelingen kann. Erst dann kommt im Verständnis des Geschauten die Reflexion zu ihrem Recht, die schließlich das Geschaute und Erkannte in das Leben integriert.

V. Mythos und Entmythologisierung

Die meisten „Gründungsdokumente", die jeweiligen heiligen Schriften also, auf die sich die Hochreligionen beziehen, enthalten Mythen im Sinne unserer bisherigen Darstellung. Sind diese Religionen deshalb generell als Mythologien anzusprechen? Sicherlich ist die Grundvoraussetzung von Religion, nämlich daß die Menschen von sich aus durch Gebet, Opfer und moralisches Handeln mit der Gottheit in Verbindung treten können, ein wesentliches Element mythisch geprägter Weltbilder, die keine scharfe Trennlinie zwischen diesseitiger und jenseitiger Welt kennen. Zudem gibt es offensichtliche Überschneidungen zwischen dem, was die verschiedenen Religionen als „Glaubenslehre" formulieren, und den Aussagen des archaischen Mythos. Hinzu kommen Weiterentwicklungen des mythischen Welt- und Selbstverständnisses, Rationalisierungen des Mythos im Sinne von Dogma, Ritus und Symbol. Ein Beispiel aus der religiösen Vorstellungswelt unseres Kulturkreises ist, wie gezeigt wurde, das Dogma von der sogenannten „Erbsünde", das den biblischen Schöpfungsmythos im Sinne einer Begründung der *Fehlbarkeit des Menschen* auslegt. Schon die Tatsache solcher Weiterentwicklungen und Reformulierungsversuche ist aber auch insgeheim eine Kritik am mythischen Weltverstehen, wenn auch eine Kritik, die mehr auf die Form als auf die Inhalte zielt. Es ist bezeichnend, daß beispielsweise die neuzeitliche, religiös beziehungsweise theologisch motivierte Christentumskritik das eigentlich inhaltliche Moment des Mythos von solcher Kritik ausnahm oder erst gar nicht als mythisch erkannte, jenen Bereich, der eingangs als die Ebene des *Existentiellen* bezeichnet worden ist, als eine unverwechselbare Weise, sich diesseits möglicher Rationalisierungen der Grundannahmen unseres Selbst- und In-der-Welt-Seins zu vergewissern. Diese Grundannahmen sind so sehr zu Voraussetzungen unseres Denkens, Erkennens und Handelns geworden, daß gerade ihre Selbstverständlichkeit die fortdauernde Geltung des christlichen Mythos unterstreicht, der noch im ungebrochenen Fortschrittsglauben der technisch-wissenschaftlichen Zivilisation seine integrative Kraft unter Beweis stellt. Soweit sich die neuzeitliche Christentumskritik als Kritik an den mythischen Voraussetzungen der jüdisch-christlichen Tradition verstand, artikulierte sie sich eher abstrakt und allgemein als die Kritik an einem derartigen mythischen Anschauungen verpflichteten Weltbild. Zum einen richtete sie sich gegen den Gebrauch der Bibel als Quelle genealogischen, ätiologischen, geographischen und historischen Wissens, zum anderen gegen jene Äußerungen seitens der Religion, die definitiv beanspruchen, über „richtig" oder „falsch" in der Lebensführung der Menschen zu entscheiden.

Die entmythologisierende Tendenz betrifft die Religion als ganze: Regeln des menschlichen Zusammenlebens lassen sich nicht nur ohne Rekurs auf religiöse Offenbarungen aus der menschlichen Natur bzw. aus der Vernunft ableiten; sie werden auch dort, wo man sie auf die Autorität göttlicher Offenbarung zurückführt, eher verdunkelt – genau so, wie das buchstabengetreue Festhalten an den biblischen Erzählungen gerade die unverlierbare symbolische Bedeutung der Schrift verdeckt.

Es war gerade die rationalistische Bibelkritik, wie sie sich unter anderem mit Namen wie Reimarus oder J. S. Semler verbindet, die denjenigen Bibelwissenschaftlern, die den Offenbarungsbegriff nicht preiszugeben bereit waren, eine positive Aufnahme von Begriff und Sache des Mythos nahelegte. Die Entdeckung des Mythos als eines Mediums der Unmittelbarkeit des religiösen Erlebnisses durch die Exegeten ist auch als Versuch zu werten, die christliche Religion von dem aktuellen Vorwurf freizusprechen, „mythisch" im Sinne von „unaufgeklärt" und „unzeitgemäß" zu sein.

In bezug auf die mythischen Anfänge der Religion darf das aufgeklärte Bewußtsein gerade nicht dabei stehenbleiben, diese Anfänge lediglich zu „durchschauen", wie es die rationalistische Bibelkritik zum Programm erhoben hatte. Es muß auch die Berechtigung des Mythos anerkennen. Es weiß nicht nur, daß die Grenze zwischen Mythischem und Historischem in den biblischen Texten fließend ist und daß dort, wo sich in diesen Texten von Historie im neuzeitlichen Sinne sprechen läßt, der Mythos dieses Sprechen legitimiert; es ist auch gezwungen anzuerkennen, daß die mythische Rede die der Religion allein mögliche und angemessene Ausdrucksmöglichkeit darstellt. Weil nun aber unter den Bedingungen späterer Zeitalter die Unmittelbarkeit religiösen Erlebens und Empfindens, wie sie aus dem Mythos spricht, nicht einfach wiederholt werden kann, korrespondiert der Einsicht in die Notwendigkeit der Einführung von Begriff und Sache des Mythos in die Bibelwissenschaft die Frage nach der spezifischen Weise von der Wahrheit biblischer Aussagen, die es von *wissenschaftlicher* Wahrheit abzugrenzen und zugleich als *nicht un-* bzw. *widervernünftig* herauszustellen gilt.

Der Konflikt zwischen Mythos und Logos wird zu einem die Theologen irritierenden Dauerproblem, das auch die konkreten religiösen Institutionen, etwa die Volkskirchen, nicht gleichgültig läßt. Sofern sie mit der Tradierung der religiösen Wahrheiten und der auf sie gegründeten Lebensformen befaßt sind, werden sie gewollt oder ungewollt zu Statthaltern der einerseits nicht mehr für möglich gehaltenen, andererseits aber mit der Religion als solcher unzertrennlich verbundenen mythischen Denk- und Anschauungsweise in einem technisch-wissenschaftlich dominierten Zeitalter, dem, wie es R. Bultmann formuliert hat, Gott „kein objektiv feststellbares Weltphänomen ist". Diese *objektivierende Tendenz* wird für Bultmann zum Kriterium des Mythos schlechthin: „Man kann sagen, Mythen geben der transzendenten Wirklichkeit eine immanente weltliche Objektivität. Der Mythos objektiviert das Jenseitige zum Diesseitigen."[38] Damit spricht Bultmann ein vor allem *formales*, weniger ein inhaltliches Kriterium des Mythos an. Religiös kennzeichnet es vor allem den Fundamentalismus, der die Symbolwelt biblischer Aussagen und Geschichten mit objektiven Realitäten verwechselt. Gleiches gilt für die Behauptung des historischen Charakters der Offenbarungsinhalte, etwa die Reduktion des Ostergeschehens auf die Aussage, ein Leichnam sei wieder lebendig geworden und aus dem Grabe gestiegen. Bultmanns umstrittenes *Entmythologi-sierungsprogramm* zieht aus alledem den Schluß, das „uns an-redende Wort Gottes" sei in der Bibel unter der Decke mytho-logischer Vorstellungen verborgen, ja sei von diesen gleichsam verschüttet worden. Es zu aktualisieren setzt entsprechend voraus, das gemeinsame Anliegen „mythologischer" und „an-redender" Rede freizulegen und in ein Weltbild zu überfüh-ren, in dem die Wahrung der Intentionen des Mythos diesseits mythischer Objektivation möglich ist. Dies wiederum setzt die Entdeckung jenes gleichbleibenden Motivs voraus, das die vielgestaltige Welt des Mythos nur variiert: „Mythen sprechen von Göttern und Dämonen als Mächten, von denen der Mensch sich abhängig weiß, Mächten, deren Gunst er braucht, Mächten, deren Zorn er fürchtet. Die Mythologie ist der Ausdruck eines bestimmten Verständnisses der menschli-chen Existenz. Sie glaubt, daß die Welt und das Leben ihren Grund und ihre Grenzen in einer Macht haben, die außerhalb all dessen ist, was wir berechnen und kontrollieren können." Der Mythos ist der historisch-kontingente Ausdruck einer all-gemeinen, die einzelnen geschichtlich bedingten Aussagewei-sen übersteigenden menschlichen Situation. Mit anderen Wor-ten: Der Mythos spricht nicht über Götter oder vergleichbare Mächte, sondern von *unserer Existenz*. Genau dies tut aber auch das „uns anredende Wort" der Bibel. Beide sind also mit unserer gegenwärtigen existentiellen Situation zusammenzu-bringen, die sich genaugenommen nur darin von ihnen unter-scheidet, daß zu ihrer Auslegung auf die Rede von einem Wirken übernatürlicher Mächte zu verzichten ist, von Mäch-ten, die das Naturgeschehen in Gang bringen und erhalten, oder von Mächten, die das Naturgeschehen unterbrechen, beispielsweise durch Wunder. Zu solcher Distanzierung ist die Religion nicht nur durch das fraglos geltende naturwissen-schaftlich-technische Weltbild der Gegenwart ermächtigt. Sie muß auf solche Redeweise auch verzichten, wenn sie die Fol-gerungen aus der neuzeitlichen Autonomiethese ernst nimmt, nach welcher der Mensch – so Bultmann weiter – für sich selbst verantwortlich ist:

„Das menschliche Leben ist Geschichte; es führt durch Entscheidungen jeweils in eine Zukunft, in der der Mensch sich selbst wählt. Die Entscheidungen fallen danach, wie sich ein Mensch selbst versteht, worin er die Erfüllung seines Lebens sieht, während die Mythen von einer Wirklichkeit reden, die jenseits der objektivierbaren, der beobacht- und beherrschbaren Wirklichkeit liegt, und zwar einer Wirklichkeit, die für den Menschen von entscheidender Bedeutung ist; die für ihn Heil oder Unheil, Gnade oder Zorn bedeutet, die Respekt und Gehorsam fordert."

Der Mythos ignoriert jene Wirklichkeiten, von denen einzig in nicht objektivierbaren Kategorien gesprochen werden darf; er objektiviert, was niemals ein objektiv feststellbares Weltphänomen sein kann: *Gott*. Mythen schildern Geschehnisse oder Ereignisse, in denen übernatürliche oder übermenschliche Kräfte und Personen wirksam werden, durch die der Mensch handelnd oder leidend betroffen wird. Beispiele dafür sind der antike Polytheismus und die Wundererzählungen des Neuen Testaments. Bultmann weist auf viele Übereinstimmungen zwischen beiden hin: Das Kosmosverständnis des Neuen Testaments ist mythisch, weil es sich am „Drei-Stufen-Schema" Himmel-Erde-Unterwelt [Hölle] orientiert; auch die Annahme einer Offenbarung durch Gott ist mythisch, weil sie das Zusammenspiel zwischen jenseitiger und diesseitiger Welt, zwischen Göttlichem und Menschlichem voraussetzt, vergleichbar dem griechisch-römischen Polytheismus. Sowohl in der Überzeugung von der Menschwerdung Gottes wie in den Berichten über die Taten und Wunder eines Gottessohnes, über seine Auferstehung und Himmelfahrt, unterscheiden sich die biblischen Erzählungen nicht von anderen Mythologien ihrer Zeit. In dem Maße, in dem die biblischen Erzählungen als Antworten auf menschliche Grundsituationen verstanden werden, von deren gleichbleibender Bedeutung angesichts einander sich ablösender Weltbilder ausgegangen werden kann, schwindet ihre ursprüngliche Funktion der Erklärung von Vorgängen, über deren Ursachen und Abläufe die Naturwissenschaften zuverlässiger informieren. Biblische Erzählungen wie die Wunderberichte gewinnen erst dann ihre ursprüngliche Überzeugungskraft wieder, wenn sie auf ein System von Bedeutsamkeiten bezogen werden können, das für die Bedeutsamkeit des Glaubens selbst einsteht. Damit ist der Glaube an das gemeint, was durch die Bilder und Symbole des Mythos durchscheint, das aber zugleich wieder verstellt wird, wenn man es mit diesen Bildern und Symbolen identifiziert. „Offenbarung" kann entsprechend kein System von Sätzen darstellen: Sie wird zur Chiffre für die Selbstvergewisserung des Menschen überhaupt. Sie übernimmt mit dieser Bestimmung aber bezeichnenderweise genau die Funktion, die M. Eliade als das eigentliche (und „zeitlose") Moment des authentischen Mythos herausgestellt hat.

Die Kritik hat Bultmann unter anderem unterstellt, sein Interesse gelte vor allem dem Versuch, den Mythos als unwesentlich für das Christentum auszugrenzen, ein Interesse, das nicht Bultmann auszeichnet, sondern Interpretationen, die generell einen Zusammenhang zwischen Mythos und Christentum leugnen. Man argumentiert hier auf der Grundlage des Mythos-Verständnisses der Religionsphänomenologie und identifiziert Mythos und vorchristlichen Polytheismus. Danach hat der christliche Glaube ebensowenig mit Göttergeschichten wie mit Göttern zu tun. Zu vergleichbaren Ergebnissen gelangen auch Interpretationen, die in der jüdisch-christlichen Überlieferung die Befreiung von den Göttern, überweltlichen Kräften und Schicksalsmächten des Mythos sehen. Sie konstruieren einen Weg vom vermeintlichen, im Mythos angesagten, zum wirklichen, durch die christliche Offenbarung verkündeten Heil, so daß Offenbarung als derjenige Horizont verstanden werden kann, in dem der Mythos seinen rechten Ort und seine wahre Bedeutung erhält, nämlich eine untergeordnete. Schließlich ist noch auf jene Versuche hinzuweisen, die den Mythos als die genuine Ausdrucksweise der Zeit verstehen, in der die biblischen Texte entstanden und mit diesen zwangsläufig eine Einheit eingegangen sind. Diese Einheit zwingt unter bestimmten Voraussetzungen dazu, auch vor dem Hintergrund des naturwissenschaftlich-technischen Weltbildes an der Sprachform des Mythos festzuhalten. So meinte Karl Barth, man sollte „nicht verkennen, daß jenes mythische Weltbild Elemente enthält, von denen die urchristliche Gemeinde, indem sie von jenem Christus zu zeugen hatte, mit Bedacht und gutem Recht Gebrauch machte, während sie in dem, was wir als unser modernes Weltbild zu kennen meinen, mit Unrecht verschwunden oder doch zurückgetreten sind, so daß wir allen Anlaß haben, in bestimmten Zusammenhängen mit bestem Gewissen ‚mythisch' zu reden."[39]

Von einer anderen Richtung her argumentiert der Lösungsversuch von P. Ricœur. Er setzt bei dem nicht auflösbaren Widerspruch zwischen Mythos und Religion, Mythos und Philosophie, kognitiver und affirmativer Vergegenwärtigung des Mythos, Mythos als überwundener Weise der Welterklärung einerseits und Mythos als nach wie vor möglicher Weise der Zustimmung zu einer letzten, das Ganze bestimmenden Wirklichkeit andererseits an. Weil das gängige Verständnis des Mythos angesichts dieser Antinomien versagt, ist ein Begriff des Mythos gefordert, der solchen verkürzten Interpretationen überlegen ist. So läßt sich der Mythos ebensowenig bis zur vollständigen Kongruenz in Begrifflichkeit überführen wie seitens des begrifflichen Denkens *Unmittelbarkeiten* konstruiert werden können, die dem unbekümmerten Wirklichkeitsumgang des Mythos vergleichbar wären.

Ricœurs Redeweise vom *Symbol* ist ein Versuch, diesen Schwierigkeiten zu entkommen. Der Doppelsinn, der sich mit dem Ausdruck *Symbol* verbindet, vermittelt nicht nur zwischen Reflexion und Mythos, sondern will eine objektive Entsprechung in dem finden, was die Symbole bezeichnen, die sowohl dem Mythos wie dem Begriff überlegen sind. Das Symbol ist dem Mythos überlegen, weil es frei ist von Eigentümlichkeiten der tradierten Mythologie wie von vorwissenschaftlichen Erklärungen und Deutungen der Welt, objektivierenden Vorstellungen sowie von der *Zweideutigkeit des Mythos*, die enthüllt und verbirgt. Diese Eigentümlichkeiten weisen den Mythos als „sekundäre Symbolik" aus. Vom

Symbol kann im Verhältnis dazu als von einer Wiederherstellung der ursprünglichen Intentionen des Mythos gesprochen werden. Durch das Symbol wird dem Menschen seine Abhängigkeit von einer Wirklichkeit bewußt, die Ursprung wie Grenze seiner Welt umschließt. Das Symbol bewahrt den Mythos davor, verdinglicht und zur Sache zu werden.

Weil die Gefahr solcher Verdinglichung vor allem in der *Religion* gegeben ist, hat die Transformation des Mythos zum Symbol auch einen religionskritischen Aspekt, vor allem im Hinblick auf die unterschiedlichsten Formen religiöser Objektivierung, der falschen Unmittelbarkeit der sekundären Symbolik. Sie ist also vor allem fundamentalismuskritisch.

Für Ricœur ist Entmythologisierung mit dem Willen gleichzusetzen, den falschen Skandal, den die Absurdität der mythologischen Weltvorstellung für den modernen Menschen darstellt, zu zerschlagen und den wahren Skandal, die Torheit des Kreuzes, von der Paulus spricht, zum Vorschein zu bringen. Die Entmythologisierung steht deshalb im Dienste der Wiederherstellung der ursprünglichen Intentionen des Mythos. Sie ist ein Teil der Bemühungen um ein System von Vermittlungen, an dem jeder, der sich in legitimer Weise auf die überlieferte Mythologie beziehen will, festhalten muß.

Als mögliche Überschrift über der Behandlung des Verhältnisses von Mythos und institutionalisierter Religion könnte der Satz von H. Blumenberg stehen, nach dem der Mythos eines Gottes erklären könne, was seine Dogmatik nicht wahrhaben dürfe. Die Rehabilitierung der Kategorie des Mythos in Religion und Theologie ist aber nicht nur Dogmen-, sondern auch Institutionenkritik. In der Kritik an der institutionalisierten, vergesellschafteten Religion klingt neben einem privatistischen, gegen die *Vergesellschaftung von Sinn* gerichteten Moment eine Sicht des Begriffs wie der Sache des Mythos an, die sich primär an der mythischen Unmittelbarkeit im Sinne von Lebendigkeit, Gemeinschaftlichkeit und erfahrbarer Göttlichkeit orientiert. Zur Dogmenkritik wird dieses Unmittelbarkeitspathos, wenn es die tradierten religiösen Deutungssysteme als Sonderfall eines wissenschaftlichen Rationalismus verwirft: Die verwissenschaftlichte Theologie ist an „Wahrheiten" orientiert, die sich hinsichtlich der Frage nach der Wahrheit religiöser Aussagen als halbherzige Anleihen bei den philosophischen Wahrheitstheorien [das Adäquationsmodell, der metaphysische Rationalismus, die geisteswissenschaftliche Hermeneutik etc.] zu erkennen geben. Die institutionalisierte Religion und mehr noch die Theologie erscheinen damit als fragwürdige Anpassungsversuche eines seiner Wirkkraft verlustig gegangenen, einst ursprünglichen Selbst- und Weltgefühls, das an eine jeweils herrschende Philosophie, Theorie oder Ideologie ausgeliefert worden ist.

Das westliche Christentum beansprucht für sich, die Vorstellungen des Mythos entweder überwunden oder so integriert zu haben, daß sich höchstens noch die Frage nach den *mythischen Restbeständen* stellt. Diese Restbestände werden nach dieser Kritik weiter dadurch ausgehöhlt, daß es von ihnen heißt, in ihrer diskursiven Aufnahme trete an die Stelle der Kontroversen um Entmythologisierung einerseits und Rehabilitierung des Mythos andererseits eine Synthese, die *Aneignungen des Ursprünglichen* ermögliche, ohne dazu „neue Offenbarungen" bemühen zu müssen.

Unterstellt man, diese Skizze sei für weite Teile der modernen Theologie charakteristisch und das Unmittelbarkeitspathos, das aus der Kritik an diesem Selbstverständnis spricht, bezeichne ebenfalls eine umstrittene und ihrerseits verkürzte Weise der Gegenwart des Mythos heute, dann konzentriert sich auch hier alles auf die Frage nach der Möglichkeit eines genuin *mythischen Wahrheitsbegriffs. Mythos* heißt dann beispielsweise „wahre Geschichte", *wahr*, weil er weder einer logischen noch einer historischen Faktizität folgt, sondern transempirischen Inhalten verpflichtet ist. Sie sind „wahre Geschichte" in dem Sinne, daß ein Geschehen berichtet wird, das *wirklich* stattgefunden hat, gerade wenn kein empirisches Subjekt Zeuge dieses Geschehens ist. Weit vor dem Beginn von Zeit und Raum angesiedelte Ereignisse, „transzendente Realitäten", werden heraufbeschworen, unbezweifelbare *Antezedenzien*, Vorgänglichkeiten im Sinne von Bedingungen der

Möglichkeit gegenwärtiger Wirklichkeit. Solche Antezedenzien lassen sich nicht nahtlos in Theorie im Sinne von Theologie überführen. Sie lassen sich aber auch nicht, und daran scheitert diese Kritik, einfach anti-institutionell oder anti-intellektuell *in Unmittelbarkeit* vergegenwärtigen. Derartige Versuche trifft der Vorwurf der dezisionistischen Traditionswahl oder der *willkürlichen Kostümierung*, wie ihn Nietzsche auf dem Hintergrund einer vergleichbaren Konstellation gegen den Historismus erhoben hatte:

„Der europäische Mischmensch [...] braucht schlechterdings ein Kostüm: er hat die Historie nötig als die Vorratskammer der Kostüme. Freilich bemerkt er dabei, daß ihm keines recht auf den Leib paßt – er wechselt und wechselt. Man sehe sich das neunzehnte Jahrhundert auf diese schnellen Vorlieben und Wechsel der Stil-Maskeraden an; auch auf die Augenblicke der Verzweiflung darüber, daß uns ‚nichts steht‘."[40]

VI. Neue Mythologien

Das Stichwort von den neuen Mythologien meint nicht – oder wenn, dann nur am Rande – Versuche, *neue* Mythen zu erfinden, die in einem von Technik und Wissenschaft geprägten Zeitalter eine ähnliche Funktion ausüben wie der archaische Mythos in jenen frühen Gesellschaften, die wir gerade dadurch kennzeichnen, daß wir sie als solche bezeichnen, die sich ausschließlich im Bannkreis des Mythos bewegten. Vielmehr meint das Stichwort von den neuen Mythologien Vorstöße aus dem Bereich der Philosophie, der Sozialwissenschaften und der politischen Theorie, die nach Modellen einer nicht regressiven und reduktionistischen Rationalitätskritik fragen. Diese rationalitätskritisch motivierte Wiederentdeckung des Mythos verweist bevorzugt auf formale Strukturen, weniger auf inhaltliche Übereinstimmungen.

Dazu einige Hinweise. Ein ausschließlich begriffsfixiertes Denken wird kritisiert, das in seiner Abstraktheit Erfahrungswelt und erlebte Geschichte ausklammert. Die „Rettung des Besonderen" erscheint demgegenüber als die genuine Leistung des Mythos, der nun keine „vergangene Geschichte" mehr, sondern ein alternatives Legitimationsverfahren sein soll, in dem die komplexen und undurchsichtigen Strukturen transparent werden, die der Begriff dadurch, daß er in ihnen Seinsformen sieht, konserviert. Der Mythos ist weiterhin nicht dadurch „Mythos", daß er all das in sich vereint, was sich als Gegenbild des Logos anführen ließe. Er ist nicht Einspruch gegen die Diskursivität, sondern versucht, formale Sinnkonstruktionen einzuführen und zu begründen, die auch dort zu argumentieren erlauben, wo die positivistische Reduktion wissenschaftlichen Sprechens auf bloße Zeichen gerade in Frage gestellt wird.

Die wiederentdeckte Attraktivität des Mythos beruht weniger auf der Überlegenheit seiner Argumente als auf der ihm zugewiesenen Komplementärfunktion zum rationalen Diskurs, wobei sich hier durchaus Gemeinsamkeiten erkennen lassen, wenn auch nicht auf den ersten Blick.

Besonders K. Hübner[41] hat in seinen strukturvergleichenden Arbeiten zur mythischen und wissenschaftlichen Denkform auf solche Interferenzen abgehoben. Hübner bestimmt, darin E. Cassirer folgend, die Differenzen zwischen wissenschaftlichem und mythischem Wirklichkeitsverständnis im Rückgriff auf die Unterscheidung zwischen Repräsentation und Identität. Das mythische Denken läßt Allgemeines und Besonderes unterschiedslos ineinander aufgehen, während das wissenschaftliche Denken im Besonderen eine Variable sieht, die anderen Variablen funktional zugeordnet wird. Das Resultat ist im mythischen Denken die *arche*, ein Ursprungsgeschehen, wie es z. B. in den unterschiedlichen Schöpfungsmythen berichtet wird. Im wissenschaftlichen Denken dagegen ist es die jeweilige *Gesetzmäßigkeit*. Viele weitere Differenzen werden benannt, auf die wir hier nicht eingehen können. Sie alle berechtigen, anders als in der Kontroverse um Mythos und Logos, nicht dazu, von „falsch" auf der einen und „richtig" auf der anderen Seite zu sprechen.

Wenn die Ergebnisse der neuzeitlichen Wissenschaften nicht als objektive Wahrheiten gelten können, dann läßt sich auch der Mythos nicht als falsche oder nicht zulässige Weltdeutung ausschließen, teilt er doch gerade mit den Wissenschaften die gleiche apriorische Funktion. Wissenschaftliche *und* mythische Denkform bezeichnen einen apriorischen Rahmen, in den alle Erfahrungen hineingestellt, in dem sie erst möglich und aus dem heraus alle Tatsachen überhaupt erst erklärbar werden. Rein formal läßt sich zwischen Mythos und Wissenschaft daher überhaupt nicht unterscheiden. Dort, wo unterschiedliche Erfahrungen und Tatsachen sortiert werden, kann die Unterscheidung, die zu treffen ist, keine sein, die sich auf das Prädikat „wissenschaftlich" berufen dürfte. Es ist auch nicht zulässig, im Nebeneinander von Mythos und Wissenschaft Regressionen in eine überwundene Archaik zu sehen.

Hübner legitimiert die strukturelle Gleichwertigkeit von Mythos und Wissenschaft *ontologisch*, wobei ein weiter Begriff von Ontologie [der „Lehre vom Sein"] zugrunde gelegt wird. Gemeint sind damit jene allgemeinen seinsmäßigen Bezüge, die von der Allherrschaft der aristotelischen Ontologie überdeckt worden sind. Ihr Nachweis setzt das voraus, was die Befreiung des Mythos von der Mythologie genannt werden könnte. Erst in der Aufhebung des bruchstückhaften Wissens vom Mythos, wie es die Mythologie charakterisiert, tritt der Mythos als Lebenswirklichkeit hervor. Als solcher ist er die Kurzformel für das Ensemble der Bedingungen und Bestimmungen der ideellen Welt des Menschen. Sie hebt sich von der materiellen Welt der Natur ab, dem Objektbereich der exakten Wissenschaften.

Wenn der Mythos nicht weniger als die Wissenschaft Ausgangspunkt empirischen wie argumentativen Denkens sein soll, auch wenn er sich auf andere Objektbereiche bezieht als diese, müssen sich auch konkrete Entsprechungen aufzeigen lassen. Dabei dient die wissenschaftliche Ontologie gleichsam als Folie; vor ihrem Hintergrund lassen sich ein bestimmter Gegenstandsbegriff, ein bestimmter Gesetzesbegriff und bestimmte Vorstellungen über Raum und Zeit herausschälen. Hinsichtlich des Wirklichkeitsbezugs erweist sich, daß die Beziehungen zwischen dem Erfahrungssystem des Mythos und der Wirklichkeit sich nicht von den Beziehungen zwischen Wissenschaft und Wirklichkeit unterscheiden. Beide berufen sich auf apriorische Voraussetzungen, beide Deutungsweisen lassen sich durch singuläre Sätze bekräftigen oder widerlegen, beide sehen sich mit dem Problem der Zustimmung zu solchen Bekräftigungen oder Widerlegungen konfrontiert. Entsprechend muß sich die Plausibilität des mythischen wie des wissenschaftlichen Paradigmas ungeachtet ihrer im letzten leitenden Wirklichkeitsannahmen (abstrakte Gesetzmäßigkeit der Wissenschaft versus Transparenz auf ein Transkategoriales, ja „Göttliches", Nicht-Empirisches hin) auf der Ebene historisch-faktischer Gültigkeit entscheiden lassen. Der Wahrheitsgehalt des Mythos wie jener der Wissenschaften kann nur ein historisch-situativer sein, der im Falle des Mythos auch von den je vorherrschenden Urteilen über *den* Mythos und *die* Mythologie getragen wird. In diesem Sinne spricht Hübner im

Blick auf unsere Gegenwart von der Konstellation eines *nachmythischen* Beziehungsgefüges von Mythos und Logos und nennt als Beispiele die Kunst und die Musik, aber auch politische Legitimationsversuche wie das Grundgesetz der Bundesrepublik Deutschland.

Es ist kein Zufall, daß das Stichwort vom Politischen in den Themenbereich der neuen Mythologien hineinspielt. Weiter oben ist bereits auf O. Marquards Formel von der „aufgeklärten Polymythie" hingewiesen worden, den Versuch einer der politischen analogen ideenpolitischen Gewaltenteilung. Zumindest seit der Option G. Sorels für den Mythos als ein zweckrational einzusetzendes Instrument politischer Massenmobilisierung und seit A. Rosenbergs *Mythus des 20. Jahrhunderts*, dem Seitenstück zu Hitlers *Mein Kampf*, sind Mythen auch *politisch* eine Realität. Eine Phänomenbeschreibung der neuen Mythologie wäre daher unvollständig ohne den Hinweis auf den in politischen Zusammenhängen eingeübten und proklamierten Rückzug in die mythische Identifikation, wobei nicht nur an eine bewußte Anknüpfung an Begriff und Inhalt des Mythos zu denken ist. Gemeint ist auch nicht die eher resignative Erkenntnis, ohne Mythen gehe es eben nicht, wie J. Herrsch konstatierte und auf die Spannung verwies, die aus entgegengesetzten Mythen resultiere, wobei diese Mythen unter Umständen nichts anderes zu sein brauchen als die Programme unserer „Volksparteien".[42] So wird noch diesseits der Versuche, eine neue *religiöse Unmittelbarkeit*, etwa in fundamentalistischen Bewegungen, zu gewinnen, die Forderung nach mehr Unmittelbarkeit in bezug auf den Umgang mit den Institutionen des demokratischen Staates laut, sei es durch Versuche eines Imports der amerikanischen „civil religion", sei es durch die Betonung staatlicher Symbole, denen in der Vergangenheit zu wenig Aufmerksamkeit gegolten habe. Vor diesem Hintergrund wird eine Definition des demokratischen Staates verständlich, nach der diese Staatsform mehr als andere an der ständigen Überwindung konstitutiver Identifikationsdefizite zu arbeiten habe. Angesichts der Vorschläge zur Überwindung solcher Identifikationsdefizite überrascht die quasi-religiöse Stilisierung der politischen Institutionen sowie der Anlässe, in denen sich der Staat manifestiert. Nicht wirtschaftliche und kulturelle Errungenschaften schaffen hier politische und nationale Identität, sondern ein Staat, der sich in der Weise selbst präsentiert, daß er, etwa bei „erhebenden Anlässen", Objekt des Erlebnisses, ja zu einem den Alltag Transzendierenden wird. Es erübrigt sich darauf hinzuweisen, daß die Mythen archaisch-agrarischer Gesellschaften über Abstammung, [zum Teil sakrale] Ordnungen, Volk und Staat in einem ausschließlich ethnisch bestimmten Kulturbegriff weiterleben, für den Rasse, Blut, Sprache zu Bedingungen wirklicher Staatlichkeit werden, wie auch noch das Staatsbürgerschaftsrecht in Deutschland zeigt: Anders als in einem aufgeklärten Staatsbürgerschaftsverständnis hält es den Blutsbegriff als Staatskonstituente fest. Welche Kategorie könnte aber mythischer sein? Die *Nation* überhaupt scheint als eine zutiefst mythische Größe auf.

Mit alledem sind Zusammenhänge benannt, für die unter anderem Gestalt und Werk G. Sorels stehen, auch sie nicht zufällig ein Schlüssel zum Verständnis der Nationalismen der dreißiger und vierziger Jahre dieses Jahrhunderts. Sorel kritisch lesen heißt in ihm den Diagnostiker all jener Regressionen sehen, denen der bürokratisierte moderne Staat um so mehr ausgesetzt ist, je effizienter und durchrationalisierter er scheint. Sorel greift den marxistischen Topos vom Klassenkampf auf und weitet ihn ins Nationale aus; er versucht auf diese Weise einen Brückenschlag zwischen linkem und rechtem politischem Diskurs. Die kriegerischen und heroischen Vorstellungen, die sich mit dem Kampf im allgemeinen und dem Gedanken der Entscheidungsschlacht im besonderen verbinden, werden als die wahren Impulse eines unmittelbaren und intensiven Lebens interpretiert, Gedanken, die bedingungslosen Glauben fordern, Urgewalten und nicht künstliche oder gar auf dem Wege über das „Vernünfteln" absichtsvoll hervorgebrachte Konstrukte. Heroische Gedankenbilder wie der Klassenkampf oder der Mythos der Nation entstehen im Kriegszustande: „D'un etat de guerre auquel les hommes acceptent de participier et qui se traduit en mythes precis." Während die Utopie eine in der intellektuellen Sphäre beheimatete Zielvorstellung ist, geboren aus der Negation des Faktischen, ist der Mythos Ausfluß einer irrationalen Lebensenergie, wild und bisweilen destruktiv, anti-institutionell und dort, wo er auf die Zukunft deutet, der Vision, nicht jedoch der Utopie verwandt, die – die utopischen Entwürfe seit Morus und Campanella zeigen es – geradezu institutionenverliebt ist. Nach Sorel ergreift der Mythos den Einzelnen wie ein kriegerischer Akt, er ist aggressiv, wie die gedanklichen Verlängerungen des Sorelschen Ansatzes in die Gegenwart hinein zeigen, erinnert sei nur an die Renaissance der Staatsrechtslehre Carl Schmitts.

Der gegenwärtig im Umfeld des Politischen angesiedelte Mythos kontrastiert die Institutionen der politischen Gewaltenteilung ebenso wie die Rationalitätsstandards der neuzeitlichen Wissenschaften mit einem *wilden Denken*, dessen Medium nicht der Diskurs, sondern das Pamphlet ist; ihm werden Erotik und Regionalismus, Verzicht auf Distanz und Diskurs zu politischen Desideraten, oder, wie es in einem Text von H. Röttgen und F. Rabe aus der linksterroristischen Esoterikszene der beginnenden achtziger Jahre heißt:

„Gewalt und Leben, Wahnsinn und Zwecklosigkeit und Angst – alles Vorstellungen, die außerhalb des gängigen Politikverständnisses liegen. Sie sind neu und wert, aufgenommen und fortgeführt zu werden."[43]

In diesen Zusammenhängen begegnet eine „Mythologie", die sich selbst als eine mögliche und notwendige Konsequenz aus der Bewegung von 1968 begreift, als Korrektur des utopischen Aktionismus jener Jahre und als Einspruch gegen die utopischen und eschatologischen Elemente eines Geschichtsbegriffs, wie er im Umkreis von kritischer Theorie und linker Sozialphilosophie entwickelt worden ist. Weil dieser Geschichtsbegriff tief in den Traditionen von Judentum und Christentum verwurzelt ist, kommt seine Preisgabe einer mythisch motivierten Religionskritik gleich, die fatal an den völkischen Mythos von A. Rosenberg und E. Ludendorff erinnert. So wird beispielsweise davor gewarnt, sich nicht „von den süßen Melodien der Blochschen Sirenen, diesem jüdisch-christlich-islamischen Dudelsack, die die Freuden.der Sinne in ein Reich des Jenseits verbannen", verführen zu lassen. Anti-utopisch ist dieser Mythos auch deshalb, weil er nicht an eine Veränderung oder Überbietung der aus der Geschichte herausgelösten Gegenwart denkt. Sein Modell einer Veränderung erschöpft sich in der Hinkehr zu Archaik und quasi-mystischem Sektierertum, letztlich in der Betonung von Terror und Gewalt.

Überschneidungen gibt es auch zwischen dem eher praktisch-politischen Irrationalismus der späten siebziger Jahre und der ethnologisch akzentuierten Wissenschaftskritik, für die unter anderem der Name von H. P. Duerr[44] steht. In ihr bricht sich eine Art mythologischer Paradigmenwechsel Bahn, der den Blick vom griechisch-römischen und biblischen Mythos auf die Welt der Schamanen, Hexen und Werwölfe lenkt, um dem Menschen der technisch-wissenschaftlichen Zivilisation die Erfahrungen zu vermitteln, die aus dem Wirklichkeitsverständnis dieser „primitiven" Kulturen sprechen. Es ist der *Mythos vom edlen Wilden*, der seit Rousseau durch die Literatur spukt, der hier in zeitgemäß veränderter Gestalt zu Worte kommt. Dabei hat Duerr ebensowenig wie seine Vorbilder (von P. Feyerabend bis C. Castaneda) verhindern können, daß sich Hypothesen der Forschung unter der Hand in Hypostasen eines neuen Synkretismus verwandelten. Sie bereiteten nicht nur einer politischen Romantik den Weg, sondern dienten unter anderem auch der Legitimierung einer Hinwendung zu orientalischen Religionen, aber auch zu Okkultismus, Astrologie, Reinkarnation, Gedankenübertragung und ähnlichem.

Bei Duerr selbst geht es zunächst um eine Wissenschaftskritik, die das Selbstverständnis der modernen Wissenschaften sowie die Glaubensbereitschaft, auf die sie in unserer Zivilisation treffen, selbst als im Kern mythisch ausweist. Seine ethnologischen Arbeiten erheben den Anspruch einer Alternative zum herrschenden Wissenschaftsaberglauben und kritisieren die westliche Kultur, die vor allem ihr Überlegenheitsgefühl gegenüber den als „primitiv" apostrophierten Gesellschaften zusammenhalte.

Der wiederbelebte archaische Mythos richtet sich, so hat es Duerr schon früh formuliert, an jene religiösen Naturen, die keine Religion haben und einer Religion ausdrücklich auch nicht bedürfen. Welcher Verbindlichkeitsanspruch kommt aber dann den Göttinnen und Göttern zu, die durch den von Duerr wiedererinnerten Mythos sprechen? Sie werden zur Folie einer allgemeineren Fragestellung, der Frage, welche Kulturen in Vergangenheit und Gegenwart das Leben geliebt und welche es gehaßt haben. Daraus entwickelt sich ein Schema der Bewertung und Beurteilung, das folgenreich im Blick auf die Entscheidung gegenwärtiger weltanschaulicher Kontroversen wird. Kriterium der Beurteilung wird jener Punkt, an dem jeweils ein ursprünglicher Optimismus in Pessimismus, Lebenshaß und Weltflucht umschlägt. Entlang dieser Leitfrage rekonstruiert Duerr eine Geschichte der Weltbilder bis hin zu gegenwärtigen Weltverneinungslehren. Der wiedererinnerte Mythos steht für eine rückwärtsgewandte Utopie, die den Jenseits- und Weltfluchtreligionen, vor allem dem Christentum, gegenübergestellt wird. Judentum, Christentum und Islam werden aus dieser Perspektive zu Nachfolge-Ideologien sogenannter ursprünglicher Befreiungsreligionen, von denen es heißt, sie transportierten jenen tiefsitzenden Lebenshaß, der die gegenwärtig beobachtbare Möglichkeit einer globalen Katastrophe habe wahrscheinlich werden lassen. An dieser Stelle berühren sich politische bzw. ideenpolitische und lebensweltliche Perspektive. Ideologiekritisch bedeutet dies zunächst einmal, daß die großen Themen der „Meisterdenker" schlicht als „Mythen" demaskiert werden: Der Mythos von der Geschichte als einem Prozeß fortschreitender Vernunftwerdung bei Hegel, der Mythos von einem naturwüchsigen Fortschritt mit gleichzeitiger Dämonisierung des Kapitals bei Marx, A. Gehlens Mystifikation der Institutionen Staat und Familie, der

Mythos von der Möglichkeit des direkten Zugriffs auf die Dinge selbst bei E. Husserl und schließlich der Seyns-Mythos M. Heideggers. Sie belehren deutlich über die Unmöglichkeit sogenannter „Weltformeln", Erklärungsmodelle, die den Anspruch erheben, in wissenschaftlich vertretbarer Weise die Gesamtheit der Erscheinungen und damit die Welt als ganze vollständig zu interpretieren und adäquat zu deuten. Mit der Absage an solche Totalitätskonzepte verbindet sich die Hinkehr zu „Bedeutungen", die in erster Linie lebensweltliche Konturen tragen. Sie reflektieren das *existentielle* Moment, das in unserer Darstellung ja immer wieder als das eigentlich mythische Motiv angesprochen worden ist. *Mythos* bezeichnet jene Ebene, auf der es sich immer noch lohnt, die Frage nach den „unbedingten Realitäten" zu stellen, aus denen wir leben. Damit ist etwas völlig anderes als die künstliche Wiederbelebung archaischer Mythen oder die Indienstnahme des Mythos im Sinne kalkulierbarer massenpsychologischer Beeinflussung gemeint. So ist L. Kolakowskis[45] Argument für die unbedingte Präsenz des Mythos der Versuch, *Liebe* und *Tod*, d.h. Fragen, die in der dehumanisierten, vom technisch-wissenschaftlichen Fortschritt bestimmten Welt unbeantwortbar geworden sind, einer Antwort zuzuführen, in der das „Wißbare" nicht mit dem „Wissenschaftlichen" verwechselt werden will.

Sowohl das Faktum des Todes wie die Vergeblichkeit der Liebe machen die Fremdheit und Gleichgültigkeit der Welt sichtbar. Sie lassen sich durch eine *Zähmung der Materie*, durch weitere technologische Expansion, nicht überwinden. Daher wird eine Perspektive notwendig, durch die die augenfälligen Charakteristika der Welt, ihre Fremdheit und Gleichgültigkeit, in den Hintergrund treten. Diese Perspektive und nichts sonst wird in diesem Zusammenhang *Mythos* genannt. Der Mythos ist nichts anderes als jenes Vermögen, das bewirkt, daß die empirische Realität in die Richtung der Wahrnehmung einer Chiffre aufgebrochen wird, die – so Kolakowski – „von einer nichtempirischen, mythischen, unbedingten Welt gesendet" wird. Die Welt des Mythos ist die

Welt des Unbedingten; die wissenschaftliche, technische und als solche auch die Lebenswelten bestimmende Welt ist eine zufällige, vergängliche, kontingente. Sie ist daher trotz ihres *empirischen Gewichtes* zweitrangig. Sie ermöglicht zwar unser physisches Leben und Überleben, aber das, was unser Leben eigentlich bewegt, kommt in ihr überhaupt nicht vor. Eine solche *Perspektive des Unbedingten* läßt sich nicht einfach von sich aus „erfinden". „Neue Mythen" treten nicht unvermutet an die Stelle der „ererbten Bestände". Auch Werke der Kunst und der Literatur lassen sich deshalb nicht zu neuen Mythen hochstilisieren, wie K. Hübner glaubt. Die Authentizität des Mythos ist je neu und auf jede Situation bezogen anders und nur in einem Prozeß von Traditionskritik und Traditionsbewahrung herzustellen. Der Mythos muß heute „wissenschaftlich kontrolliert" sprechen. Er darf deshalb nicht, obwohl er nie Wissenschaft sein kann, als Quelle offenkundigen Unsinns oder als Reparaturwerkstätte für endgültig überwundene Weltbilder in Anspruch genommen werden.

Überlegungen wie jene Kolakowskis treffen sich weitgehend mit dem, was der Systemfunktionalismus *Kontingenzbewältigung* nennt. Es ist kein Zufall, daß der „Mythos", wie ihn Kolakowski versteht, ebenso zutreffend unter dem Stichwort *Metaphysik* diskutiert werden könnte. Dort, wo Kolakowski vom Mythos spricht, dominieren Unterscheidungen wie jene zwischen primärer und sekundärer Realität, zwischen Empirie und nicht-empirischer Welt sowie die Rede von einem Unbedingten, letzter Grund von allem und alles bestimmende Wirklichkeit. Der Einwand, hier werde eine Lösung vorgeschlagen, in der sich die Grenzziehung zwischen Mythos und Logos verwische, läßt sich zwar nicht von der Hand weisen. Nun will Kolakowski aber weder die mythischen Weltbilder archaischer Gesellschaften mit all ihren regressiven Konsequenzen vergegenwärtigen noch bruchlos an so etwas wie eine „klassische Metaphysik" anknüpfen. Der Versuch, das „Sein zu zähmen", eine Art Kurzformel für den Mythos, sieht sich mit den unüberwindlichen Barrieren *vor* der Welt konfrontiert, Barrieren, die deswegen unüberwindlich sind, weil Liebe und Tod keine endgültigen Grenzüberschreitungen darstellen und die universelle Eigenschaft der Welt, ihre Gleichgültigkeit, im letzten den Sieg davonträgt. Es bleibt, bezogen auf die eigene kleine Welt, eine Strategie der Kontingenzbewältigung, die zu Recht als *Entzufälligung des Zufalls* bezeichnet worden ist. In der erzählenden, narrativ strukturierten Selbstvergewisserung verleiht der Mensch dem, was ihn in kontingenter Weise betrifft, den Charakter der Einmaligkeit, einer auf ihn gerichteten Teleologie, in deren Perspektive das ihn objektiv zufällig Treffende ihn zugleich subjektiv notwendig betrifft.

Gegen die neuen Mythologien ist von philosophischer Seite ebenso wie von seiten der Religion und Theologie unter anderem kritisch eingewandt worden, sie stellten keine Problemlösungen, sondern allenfalls Problemanzeigen dar. Orientierung sei nur von einem ganz anderen Umgang mit unseren Traditionsbeständen her zu erwarten. Dieses Urteil setzt voraus, daß Begriff und Sache des Mythos, wenn schon nicht regressiv, so doch ungeeignet sind, „Orientierung" in einem emphatischen Sinne zu ermöglichen. Es bedeutet weiter, daß sich zwischen guten und schlechten, hilfreichen und nicht förderlichen, orientierenden und desorientierenden Traditionen sicher unterscheiden läßt. Wer solche Unterscheidungen vornimmt, muß sich immer auch bewußt sein, daß diese nur subjektiv sein können, daß er also jener dezisionistischen Traditionswahl den Weg ebnet, die das sogenannte *aufgeklärte* Denken denjenigen vorhält, die – wie subjektiv und beliebig auch immer – für den Mythos optiert haben. Außerdem wiederholt die Reduktion des wiedererwachten Interesses am Mythos auf eine bloße Problemanzeige das fragwürdige *Schema vom Mythos zum Logos*, hier variiert im Sinne einer aufsteigenden Linie von der bloßen Problemskizze zur endgültigen Lösung. Dadurch wird aber eben jene Tradition, die emphatisch gefeiert wird, segmentiert und dadurch ihrer Überzeugungskraft beraubt. Die Traditionsbestände in Religion und Philosophie, Kunst und Wissenschaft, Politik und lebensweltlicher Selbstvergewisserung wären ohne die ihnen jeweils zuzuordnenden „Ursprungsmythen" halbierte Größen; selbst das *Schema vom*

Mythos zum Logos hat seinen Sinn nur in der Verschränkung beider Elemente. Wo diese auseinandergerissen werden, sei es in der einseitig „aufgeklärten" Hervorkehrung des „Logos" oder in der „Panmythologie", bedürfen beide der Klärung und Erhellung durch ein Außen, haben von sich aus allein überhaupt keine Überzeugungskraft.

Eine denkbare Lösung wäre die Lokalisierung des Mythos zwischen dem Verständnis des Mythos als *anthropologischer Konstante* einerseits und *historischem Apriori* andererseits. Wo vom Mythos als *anthropologischer Konstante* ausgegangen wird, steht die These im Vordergrund, nicht nur gesellschaftliche Strukturen, sondern auch die primären Voraussetzungen, nach denen sich die Menschen zu Gruppen zusammenschließen und ihr je kulturspezifisches Selbstverständnis entwickeln, nähmen ihren Ursprung bei konstitutiven Momenten mythischer Natur, übergreifenden Bewußtseinsformen, durch die zeitlich wie räumlich inhomogene Umstände und Bedingungen in eine schöpferische Einheit des Agierens, d.h. des Miteinander- und Mit-der-Welt-Umgehens gebracht würden. H. Holz, der mit dieser These Elemente der Religionssoziologie E. Durckheims aufgreift, sieht konsequenterweise im Mythos die gemeinschaftsbildende Kraft schlechthin: „Auch sehr widrige Umstände von seiten der naturalen oder auch geschichtlichen Umwelt vermögen diese Kraft, wenn und sofern sie überhaupt erst einmal sich formiert hat, kaum zu vernichten."[46] Aus der anthropologischen Situierung des Mythos folgt daher dreierlei: *erstens* ist alles den Menschen in einem exklusiven Sinne Betreffende als dieses *Betreffende* mythisch zu nennen; *zweitens* ist dieses Betreffende seinem Wesen nach nicht nur ein Unbewußtes, sondern auch ein Unbegriffenes; es ist *drittens* als solches die radikale Alternative zur Vernunft und vor allem zur Aufklärung, gilt dieser doch der Mythos als das primitive Stadium abergläubischer Unvernunft. Umgekehrt kann immer dann von einem geheimen Bündnis zwischen Aufklärung und Mythos gesprochen werden, wenn die aufgeklärte Vernunft sich anschickt, ihrerseits konstitutive Strukturen in Analogie zu der beschriebenen anthropologischen Konstante herauszubilden, sich ihr also mimetisch anzugleichen und in eine Verlaufsfigur einzumünden, die treffend als Selbstmythologisierung bezeichnet werden darf.

Der Aufweis des Mythos im Sinne eines *historischen Apriori* erkennt in den historisch vorfindlichen, kontingenten Mythologien Gegebenheiten, die sich in ihrer Darstellung und Funktion nur von dem im Verhältnis zu ihnen jeweils Anderen her bestimmen lassen, einem Anderen, dem entsprechend eine vergleichbare historische Apriorität zukommt. Wie der Mythos nur im Lichte des je Anderen, des „Logos" bzw. der Vernunft, hinsichtlich seiner Möglichkeiten wie seiner Grenzen transparent wird, so umgekehrt die Vernunft im Lichte des Mythos. In diesem Sinne formulierten M. Horkheimer und Th. W. Adorno im Blick auf die gegenseitige Verstrikkung von Mythos und Aufklärung:

„Wie die Mythen schon Aufklärung vollziehen, so verstrickt Aufklärung mit jedem Schritt tiefer sich in Mythologie. Allen Stoff empfängt sie von den Mythen, um sie zu zerstören, und als Richtende gerät sie in den mythischen Bann. Sie will dem Prozeß von Schicksal und Vergeltung sich entziehen, indem sie an ihm selbst Vergeltung übt. In den Mythen muß alles Geschehen Buße dafür tun, daß es geschah. Dabei bleibt es in der Aufklärung: die Tatsache wird nichtig, kaum daß sie geschah."[47]

Das entdifferenzierende Ineinander von Mythos und Aufklärung dagegen, das diese Gefahren nicht bedenkt, ist nichts anderes als die „in Furcht vor der Wahrheit erstarrende Aufklärung selbst". Die Furcht ist der Kern aller „modernen Mythologien", die nichts weiter tun als die Aufklärung lediglich zu parodieren, denn:

„Es gehört zum heillosen Zustand, daß auch der ehrlichste Reformer [...] durch Übernahme der eingeschliffenen Kategorienapparate und der dahinter stehenden schlechten Philosophie die Macht des Bestehenden verstärkt, die er brechen möchte. Die falsche Klarheit ist nur ein anderer Ausdruck für den Mythos. Er war immer dunkel und einleuchtend zugleich. [...] Die Mythologie selbst hat den endlosen Prozeß der Aufklärung ins Spiel gesetzt, in dem mit unausweichlicher Notwendigkeit immer jede bestimmte theoretische Ansicht der vernichtenden Kritik verfällt, nur ein Glaube zu sein, bis selbst noch die Begriffe des Geistes, der Wahrheit, ja der Aufklärung selbst zum animistischen Zauber geworden sind."[48]

Auch die Deutungen des Mythos als anthropologischer Konstante wie als historischem Apriori sind Spiegelungen des mythischen Banns, den beide zu brechen vorgeben. In der Deutung des Mythos als anthropologischer Konstante und bleibendem Existential wird optimistisch übersehen, daß der Mythos von seiner Struktur her nicht mit jenen Sinnebenen identisch sein kann, die zu bewahren als seine ureigene Leistung hervorgehoben wird; in anderen historisch-gesellschaftlichen Konstellationen sind es ja gerade diese Strukturen, die solchen Sinn zerstören. In der Deutung des Mythos als einem historischen Apriori herrscht dagegen der Irrglaube von der immer schon geleisteten Domestizierung des Mythos vor, der Glaube, der Mythos ließe sich in einem überschaubaren Beziehungsgefüge nach Gesichtspunkten der Vernunft steuern oder in Dienst nehmen.

In der *Dialektik der Aufklärung* scheint die dialektische Verschränkung von Mythos und Aufklärung unter der Herrschaft der ängstigenden und Schrecken verbreitenden Potentiale des Mythos und der Mythologien unabwendbar zu sein. Der Mythos spricht gegenwärtig nirgendwo lauter als dort, wo das unaufhaltsame Fortschreiten von Aufklärung zum Glaubenssatz wird. In diesem Sinne sind, wie J. Habermas[49] meinte, „Technik und Wissenschaft ,*Ideologie*'" und als solche *die* Mythen der Gegenwart. Ihnen erliegt, wer von der Endgültigkeit dieser Entwicklung überzeugt ist, wie umgekehrt ein Einspruch gegen den Zwang positivistischer Tatsächlichkeit nur von der Wiederaufnahme jener Traditionen her möglich wäre, bei denen es sicher zweitrangig ist, ob man sie mit L. Kolakowski oder P. Ricœur [um nur diese beiden zu nennen], als *Mythen* anspricht oder nicht. So wie die Aufklärung ihren Ursprung im Mythos hatte, so könnte nach diesen Erwartungen in der Spätzeit der vom mythischen Schrecken befreite Mythos die Instanz sein, die das Projekt der Aufklärung davor bewahrt, im Nihilismus unterzugehen.

VII. Wenn die Mythologie zum Mythos wird ...

Die zuletzt ausgesprochene Erwartung, dem Mythos könne gelingen, was der neuzeitlichen Wissenschaft und Rationalität, den Einzelwissenschaften und der Philosophie, aus prinzipiellen Gründen zwangsläufig versagt bleibe, läßt umgekehrt fragen, ob dies nicht eine Übererwartung ist, eine Hinkehr zum Mythos, die diesen noch einmal *mythisiert*. Der Mythos, so kann es ja allgemein heißen, taucht jene Mächte, Gewalten und Personifikationen der Naturkräfte in das Licht eines Verstehens, das nicht von der Distanz des Begreifens bestimmt ist, der Spannung zwischen Subjektivität und Objektivität, sondern von einem Fühlen und Erleben, das die Adressaten des Mythos zu Mitspielern in dem Drama macht, von dessen Protagonisten der Mythos erzählt. Wie sich auf rational-begrifflicher Seite Erkennen nur über den Gegensatz von Subjekt und Objekt vollzieht, so herrscht im Raum des Mythos eine Gemeinsamkeit und Einheit des Fühlens, Handelns und Erlebens, und während im Mythos „Einst" und „Jetzt" in einem zeitlosen „Immer" miteinander verschmelzen, ist das Element des Diskurses, der Name sagt es ja schon, das zeitliche Nacheinander. Der Mythos verweigert, um eine erkenntnistheoretische Bestimmung Kants zu variieren, die Anerkennung der Anschauungsformen von Raum und Zeit. Mythen bewegen sich auf einer Ebene jenseits des kategorisierenden Denkens. Diese Unterscheidungen leuchten ein, wenn man sie auf der Folie jener Gewalten betrachtet, von denen die einzelnen Mythen erzählen. *Der* Mythos, der sachliche (und auch *logische*) Grund dieser Vielfalt, definiert sich aber nur sekundär von der *erzählten Welt* her. Bezüglich der Inhalte des Mythos ist an der erwähnten Transkategorialität festzuhalten, während in formaler Hinsicht jene Strukturalisten recht haben dürften, die vom Mythos als einem Aussagesystem neben anderen, also als einer bestimmten Weise der Kategorialisierung, sprechen. Sie haben daraus bekanntlich gefolgert, daß prinzipiell jeder Inhalt, sofern er in dieses Aussagesystem eingefügt wird, zum

Mythos werden kann. Zwingender dürfte freilich die umgekehrte Schlußfolgerung sein. Wenn der Mythos als eine bestimmte Weise, bestimmte Inhalte zu präsentieren, als Formensystem neben anderen zugleich auch immer eine Distanzierung von den präsentierten Inhalten bedeutet, von denen es – entsprechend den Bestimmungen des Mythos – heißt, daß sie sich keiner Kategorialisierung fügen, dann ist das *eigentlich Mythische* eine Art *Grenzbestimmung*, unerreichbar und, da nicht aussagbar, nur im Schweigen erfahrbar. Das bedeutet aber: Die Rede des Mythos [der Mythos als Formensystem] hebt die Intentionen des Mythos [die inhaltliche Bestimmung des Mythischen als zeitloser Vergegenwärtigung, als Einswerden mit dem All-Einen etc.] immer schon auf. Auf diesen Widerspruch zielt, wenn auch von einem anderen Ausgangspunkt her, E. Cassirers Verortung des Mythos in einer „Philosophie der symbolischen Formen". Neben Sprache und Wissenschaft steht der Mythos als eine bestimmte kulturelle Möglichkeit, unsere Anschauung von Raum und Zeit zu strukturieren. Cassirer beharrt auf der Nichtbeliebigkeit solcher Strukturierungen: Es ist nicht möglich, sich wahlweise vormittags im Medium der Wissenschaften und nachmittags im Medium des Mythos zu bewegen.

All dies kann nur bedeuten, daß der Mythos nicht nur in seinen Späthorizonten, etwa in der literarischen Verarbeitung und Aneignung, in denen wir ihn distanzierend-objektivierend vor uns hinstellen, sondern bereits im Horizont seines genuinen Sprechens und Wirkens eine objektivierbare und kategorialisierbare Größe ist. Nur aus diesem Grunde können wir den Mythos ja, wie auch in der vorliegenden Darstellung, historisch wahrnehmen und so zu beschreiben versuchen, daß uns zum Stichwort *Mythos* „etwas einfällt", ohne daß wir dazu das Fühlen, Erleben, die Kongenialität oder andere irrationale Größen in Anspruch nehmen müßten. Wir erinnern den Mythos als eine bestimmte Weise, Wirklichkeit zur Aussage zu bringen, während die Wirklichkeiten, die wir wahrnehmen – etwa die Geschichte von der *Arachne* –, als ferne Sagen aufscheinen, also quasi-historisch erfahren werden. Diesen Erfahrungen versuchen wir dann noch zusätzlich einen uns ansprechenden *Sinn* zu verleihen. Genau auf diesen Zusammenhang zielt der Satz, der Mythos sei immer schon in Rezeption übergegangen und nicht anders als rezeptionsgeschichtlich wahrnehmbar.

Die stete Neugestaltung des Mythos, abhängig von der jeweiligen Wirkungsgeschichte, unterscheidet *den* Mythos, ein „An sich" und ein zeitloser Kern, von den zeitgebundenen Mythologien, den individuellen Gestaltungen. Diese werden damit aber nicht arbiträr, sondern eröffnen überhaupt den Zugang zu einem adäquaten Verstehen. Der *Mythos an sich* ist eigentlich gar nicht wahrnehmbar. Man mißversteht dieses „An sich", wenn man die wirkungsgeschichtlich relativen Mythologien ihrerseits in den Rang *des* Mythos erhebt. Der dem Verstehen zugängliche mythologische Gehalt ist nicht, wie Hübners emphatischer Titel[50] nahelegt, mit *der* Wahrheit des Mythos zu verwechseln, die dann beispielsweise als fixe Größe einer Wahrheit der Wissenschaft gegenübergestellt werden könnte. In diesem Falle würde der Wahrheitsgehalt des Mythos auf einen Logos reduziert, d. h. die genuine Leistung des Aussagesystems Mythos bestritten. Der Rekurs auf den Mythos im Sinne alternativer Inhalte und Weisen der Selbstvergewisserung und Weltdeutung, wie er in den neuen Mythologien begegnet, verwechselt in der Weise der Übererwartung Form und Inhalt und *remythisiert* den Mythos, anstatt ihn, sofern dies überhaupt möglich sein sollte, auf unsere gegenwärtigen Selbst- und Weltverhältnisse hin auszulegen. Solche Übererwartung erwartet, um es an einem Beispiel zu zeigen, was der Mythos seinerseits etwa von Zeus, den altorientalischen Schöpfergottheiten etc. erwartete. Es ist so, als glaubte man nicht an Gott, sondern an die Religion, die doch von sich aus gar keinen anderen Sinn hat, als zu diesem Gott hinzuführen. Ähnlich wird in gewissen Varianten der neuen Mythologien in der Rückbesinnung auf den Mythos die Lösung gerade nicht von dem erwartet, was im Sprechen und Erzählen des Mythos eher verstümmelt und entstellt transparent wird, sondern von der bloßen Faktizität des Mythos als solchem. Eine

Lösung müßte aber ihren Ausgang bei jenen Wirklichkeiten nehmen, von denen der autochthone Mythos, wie entstellt auch immer, spricht. Nichts liegt uns am Ende des zwanzigsten Jahrhunderts jedoch ferner als diese „Wirklichkeiten".

Anmerkungen

1 A. Greeley, *Myths, Symbols and Rituals in the Modern World*, in: The Critic, XII (1961), 24.

2 Vgl. R. Ehni/ L. Schittly, *Die Hochzeit der Gudrun*, München 1981.

3 H. Röttgen/F. Rabe, *Vulkantänze. Linke und alternative Ausgänge*, München ³1981, 5 f.

4 L. Kolakowski, *Die Gegenwärtigkeit des Mythos*, München ²1974.

5 M. Eliade, *Mythos und Wirklichkeit*, Frankfurt/Main 1988, 21.

6 Ebd., 184.

7 Vgl. dazu O. Marquard, *Lob des Polytheismus. Über Monomythie und Polymythie*, in: ders., Abschied vom Prinzipiellen, Stuttgart 1981, 91–116.

8 Die nachstehenden Zitate sind entnommen aus: H. Wysling/M. Fischer (Hrsg.), *Dichter über ihre Dichtungen: Thomas Mann, Teil II: 1918-1943*, München 1979, 123 f.

9 Vgl. hierzu Chr. Jamme/H. Schneider (Hrsg.), *Mythologie der Vernunft. Hegels „Ältestes Systemprogramm des deutschen Idealismus"*, Frankfurt/Main 1984.

10 Vgl. R. Barthes, *Mythen des Alltags*, Frankfurt ³1974.

11 Vgl. dazu J. Solé, *Christliche Mythen. Von der Renaissance bis zur Aufklärung*, Frankfurt – Berlin – Wien 1982, 68 ff.

12 Aristoteles, *Poetik* 6 und 23.

13 N. Brox, *„Was befreit, ist die Gnosis". Die Reaktion der frühen Kirche auf eine esoterische Religion*, in: Diakonia 18 (1987), 235–241.

14 Vgl. H. Jonas, *Typologische und historische Abgrenzung des Phänomens der Gnosis*, in: K. Rudolph (Hrsg.), Gnosis und Gnostizismus, Darmstadt 1975, 626–645.

15 Vgl. M. Plauen, *Dithyrambiker des Untergangs. Gnostizismus in Ästhetik und Philosophie der Moderne*, Berlin 1994.

16 O. Marquard, *Das gnostische Rezidiv der Gegenneuzeit*, in: J. Taubes (Hrsg.), Religionstheorie und Politische Theologie, Bd. 2: Gnosis und Politik, München 1984, 31.

17 Ders., *Abschied vom Prinzipiellen*, Stuttgart 1984, 74 f.

18 Ders., *Das gnostische Rezidiv*, a.a.O., 33.

19 Origenes, *Homilie zu Num.* 14,2.

20 Symeon, C 35, 1p. 131, 4f.

21 Maximus Confessor, Migne PG 90, 959 f.

22 R. Graber in: Regensburger Bistumsblatt vom 3. Oktober 1976.

23 Vgl. zu diesem Stichwort C.-F. Geyer, *Die Theodizee. Diskurs, Dokumentation, Transformation*, Stuttgart 1992.

24 A. di Nola, *Geschichte des Teufels. Wesen, Wirkung, Geschichte*, München 1990, 272.

25 H. Haag, *Vor dem Bösen ratlos?* München 1978, 104.

26 H. Blumenberg, *Sollte der Teufel erlöst werden? Kapitel einer Dämo-nologie,* in: FAZ vom 27.12. 1989, Seite N3/N4.

27 F. Zorn, *Mars,* mit einem Vorwort von A. Muschg, München 1977, 225.

28 C. G. Jung, *Antwort auf Hiob,* Olten 1973, 14–27.

29 Vgl. C.-F. Geyer, *Leid und Böses in philosophischen Deutungen,* Freiburg – München 1983, 43 f.

30 C. G. Jung, *Bewußtes und Unbewußtes. Beiträge zur Psychologie,* Frankfurt 1957, 13.

31 Ebd., 14.

32 Ebd.

33 Ebd., 77 f.

34 Ebd., 12.

35 Ebd., 82.

36 Ebd., 161.

37 Ebd., 103.

38 Hierzu und zu den folgenden Zitaten siehe R. Bultmann, *Jesus Christus und die Mythologie,* Hamburg [3]1967, 16 ff.

39 K. Barth, *Die kirchliche Dogmatik,* III/2: *Die Lehre von der Schöp-fung,* Zollikon – Zürich 1948, 536.

40 F. Nietzsche, *Werke,* hrsg. von K. Schlechta, München 1956, Bd. 2, 686.

41 Vgl. hierzu K. Hübner, *Die Wahrheit des Mythos,* München 1985.

42 J. Herrsch, *Mythos und Politik,* in: K. Hoffmann (Hrsg.), Die Wirk-lichkeit des Mythos, München – Zürich 1965, 89 f.

43 Röttgen/Rabe, a. a. O., 5 f.

44 Vgl. H. P. Duerr, *Traumzeit. Über die Grenze zwischen Wildnis und Zivilisation,* Frankfurt [5]1980, 151 ff.

45 Vgl. L. Kolakowski, a.a.O.

46 H. Holz, *Vom Mythos zur Reflexion. Thesen zum Strukturgesetz der Entwicklung des abendländischen Denkens,* Freiburg – München 1975, 27 ff.

47 M. Horkheimer/Th. W. Adorno, *Dialektik der Aufklärung. Philoso-phische Fragmente,* Frankfurt 1968 [[1]1947], 18.

48 Ebd., 37.

49 J. Habermas, *Technik und Wissenschaft als „Ideologie",* Frankfurt 1968.

50 K. Hübner, a.a.O.

Weiterführende Literatur

Barthes, R.: *Mythen des Alltags,* Frankfurt [3]1974.

Blumenberg, H.: *Arbeit am Mythos,* Frankfurt 1979.

Bohrer, K. H. (Hrsg.): *Mythos und Moderne. Begriff und Bild einer Rekonstruktion,* Frankfurt 1983.

Coenen, D. (Hrsg.): *Germanische und keltische Mythologie,* Freiburg [4]1990.

Bultmann, R.: *Zum Problem der Entmythologisierung,* in: Ders.: Glauben und Verstehen IV, Tübingen 1968, 128–135.

Ders.: *Jesus Christus und die Mythologie,* Hamburg [3]1967.

Brunner-Traut, E.: *Gelebte Mythen. Beiträge zum altägyptischen Mythos,* Darmstadt [3]1988.

Duerr, H. P.: *Traumzeit. Über die Grenze zwischen Wildnis und Zivilisation,* Frankfurt [5]1980.

Ders. (Hrsg.): *Der Wissenschaftler und das Irrationale,* 2 Bde, Frankfurt 1981.

Eliade, M.: *Mythos und Wirklichkeit,* Frankfurt 1988.

Frank, M.: *Der kommende Gott. Vorlesungen über die Neue Mythologie,* Frankfurt 1982.

Freund, M.: *Georges Sorel. Der revolutionäre Konservativismus,* Frankfurt [2]1972.

Fuhrmann, M. (Hrsg.): *Terror und Spiel. Probleme der Mythenrezeption,* München 1971.

Habermas, J.: *Technik und Wissenschaft als „Ideologie",* Frankfurt 1968.

Hartlich, Chr./Sachs, W.: *Der Ursprung des Mythosbegriffs in der modernen Bibelwissenschaft,* Tübingen 1952.

Hoffmann, K. (Hrsg.): *Die Wirklichkeit des Mythos,* München – Zürich 1965.

Holz, H.: *Vom Mythos zur Reflexion. Thesen zum Strukturgesetz der Entwicklung des abendländischen Denkens,* Freiburg – München 1975.

Horkheimer, M./Adorno, Th. W.: *Dialektik der Aufklärung. Philosophische Fragmente,* Frankfurt 1968 [[1]1947].

Horstmann, A.: *Mythos/Mythologie,* in: Ritter, J. (Hrsg.): Historisches Wörterbuch der Philosophie, Basel 1973 ff., Bd. VI, Sp. 281–318.

Hübner, K.: *Die Wahrheit des Mythos,* München 1985.

Jamme, Chr.: *Einführung in die Philosophie des Mythos,* Darmstadt 1991.

Jamme, Chr./Schneider, H. (Hrsg.): *Mythologie der Vernunft. Hegels „Ältestes Systemprogramm des deutschen Idealismus",* Frankfurt 1984.

Jung, C. G.: *Bewußtes und Unbewußtes. Beiträge zur Psychologie,* Frankfurt 1957.

Ders.: *Antwort auf Hiob,* Olten 1973.

Kerenyi, K.: *Die Eröffnung des Zugangs zum Mythos. Ein Lesebuch,* Darmstadt 1976.

Klein, A.: *Glaube und Mythos*, München – Paderborn – Wien 1973.

Kolakowski, L.: *Die Gegenwärtigkeit des Mythos*, München [2]1974.

Levi-Strauss, C./Vernant, J.-P.: *Mythos ohne Illusion*, Frankfurt 1984.

Lurker, M.: *Lexikon der Götter und Symbole der alten Ägypter*, Bern 1987.

Marquard, O.: *Abschied vom Prinzipiellen*, Stuttgart 1981.

Nestle, W.: *Vom Mythos zum Logos. Die Selbstentfaltung des griechischen Denkens von Homer bis auf die Sophistik und Sokrates*, Stuttgart [2]1975.

Poser, H. (Hrsg.): *Philosophie und Mythos*, Berlin – New York 1979.

Ricœur, P.: *Die Interpretation. Ein Versuch über Freud*, Frankfurt 1974.

Röttgen, H./Rabe, F.: *Vulkantänze. Linke und alternative Ausgänge*, München [3]1981.

Rudolph, E. (Hrsg.): *Mythos zwischen Philosophie und Theologie*, Darmstadt 1994.

Schupp, F.: *Mythos und Religion*, Düsseldorf 1975.

Solé, J.: *Christliche Mythen – Von der Renaissance bis zur Aufklärung*, Frankfurt – Berlin – Wien 1982.

Topitsch, E.: *Mythos – Philosophie – Politik. Zur Naturgeschichte der Illusion*, Freiburg 1969.

de Vries, J.: *Forschungsgeschichte der Mythologie*, Freiburg – München 1961.

Register

Buchanzeigen

Philosophie und Geistesgeschichte

Kurt Hübner
Die zweite Schöpfung
Das Wirkliche in Kunst und Musik
1994. 202 Seiten mit 1 Abbildung. Leinen

Vittorio Hösle
Praktische Philosophie
in der modernen Welt
2., um ein Nachwort erweiterte Auflage. 1995.
216 Seiten. Paperback
(Beck'sche Reihe Band 482)

Jürgen Audretsch (Hrsg.)
Die andere Hälfte der Wahrheit
Naturwissenschaft, Philosophie, Religion
1992. 255 Seiten. Paperback
(Beck'sche Reihe Band 469)

Otto A. Böhmer
Sternstunden der Philosphie
Schlüsselerlebnisse großer Denker
von Augustinus bis Popper
3., unveränderte Auflage. 1995. 215 Seiten.
Paperback
(Beck'sche Reihe Band 1030)

Karen Gloy
Das Verständnis der Natur
Band 1: Die Geschichte des wissenschaftlichen Denkens
1995. 354 Seiten. Leinen
Band 2: Die Geschichte des ganzheitlichen Denkens
1995. 274 Seiten. Leinen

Verlag C. H. Beck München

Außereuropäische Geschichte und Kultur

Colin Taylor
Die Mythen der noramerikanischen Indianer
2., unveränderte Auflage. 1996.176 Seiten mit 127 Abbildungen,
davon 16 in Farbe und eine Karte. Leinen

Paula Richardson Fleming/Judith Lynn Luskey
Schattenfänger
Die Indianer Nordamerikas in historischen Meisterphotographien
Aus dem Englischen von Eva und Thomas Pampuch.
2., unveränderte Auflage. 1994.
176 Seiten mit 129 Abbildungen im Duoton und 1 Karte. Leinen

Urs Bitterli
Die „Wilden" und die „Zivilisierten"
Grundzüge einer Geistes- und Kulturgeschichte der
europäisch-überseeischen Begegnung
2., durchgesehene und erweiterte Auflage. 1991.
498 Seiten mit 29 Abbildungen. Broschiert

Ludwig Klemens
Bedrohte Völker
Ein Lexikon nationaler und religiöser Minderheiten
3., neubearbeitete Auflage. 1994. 215 Seiten mit 10 Abbildungen
und 2 Karten. Paperback
(Beck'sche Reihe Band 303)

Dietmar Rothermund (Hrsg.)
Indien
Kutur, Geschichte, Umwelt. Ein Handbuch
1995. 682 Seiten mit Abbildungen, Karten und Tabellen. Leinen

Werner Ende/Udo Steinbach (Hrsg.)
Der Islam in der Gegenwart
Unter redaktioneller Mitarbeit von Gundula Krüger
4., neubearbeitete und erweiterte Auflage. 1996.
Etwa 980 Seiten mit15 Abbildungen und 1 Karte. Leinen

Verlag C. H.Beck München